令和6年度
介護報酬
改定対応

運営指導は
これでOK!
おさえておきたい
算定要件
通所介護編

小濱道博 著

第一法規

はじめに　今後の介護事業経営における加算算定の重要性

■ 過去最大規模となった令和6年度介護報酬改定

　令和6年度介護報酬改定は、過去最大規模の改定となりました。それは、変更項目が過去最大という意味でもあります。人員基準、運営基準はもとより、既存の加算の多くに、算定要件の変更がありました。今回の改定にあたる審議では、複雑化する算定要件の簡素化も大きなテーマでした。確かに、新たな介護職員等処遇改善加算における要件など、簡素化されたものもあります。しかし、全体的に見て簡素化されたという実感は薄いと感じます。通所介護における入浴介助加算での入浴介助研修要件の追加など、負担が増えたと感じる改定項目も多くあります。

■ 既存の加算の改定にも目を向けて

　前回の改定あたりから、既存の加算の算定要件が変更となることが増えています。それまでの介護報酬改定では、基本報酬の増減と新加算の創設が主な内容であったため、新加算を算定しない場合は、特に日常業務の内容を見直す必要がありませんでした。改定内容にアンテナを張ることもなく、単に従来通りの業務をくり返すだけで足りた時代がありました。今は、自らセミナーに参加するなどして、最新情報にアンテナを張らないとならない時代となっています。入浴介助研修を行わずに加算算定を続けた事業所は、運営指導において返還指導を受けることになります。

■ 体制届の漏れに注意

　また、体制届のルール変更も大きな改定でした。従来は、減算に該当する場合に体制届を提出していました。今回からは、減算に該当しない旨の届出を提出しないと、無条件で減算対象と見なされます。BCP、高齢者虐待防止及び介護保健施設における栄養マネジメントの減算がこれに当たります。介護事業者は、この変更を知らなかったでは済まされません。さらに、令和6年3月で約3年続いたコロナ禍特例も廃止となっています。今後は、コロナ感染などを理由とした人員の欠員は、無条件で減算につながっていきます。

はじめに　今後の介護事業経営における加算算定の重要性

■ **加算を算定する意義**

　これまで、介護事業者の中には加算の算定をあえて避ける風潮もありました。それは、加算の算定によって利用者の自己負担が増加することなどから、担当のケアマネジャーが加算算定の少ない事業者を優先する傾向もあったためです。これは介護業界の平均利益率が8％を超えていた過去の時代の考え方でした。当時は基本報酬だけで収益の確保は十分で、加算を算定することは儲け主義であるというような評価もあったためです。この傾向は、いまだにケアマネジャーの一部が引きずっているようです。

　しかし、令和6年度介護報酬改定において基本報酬の引き上げが実質的に叶わなかったことから、加算算定が重要なテーマとなっています。そもそも加算とは、国が介護事業者に求めるハードルに報酬をつけたものです。加算をより多く算定する事業所は、質の高いサービスを行っていると評価されるのです。加算の算定ができない事業所は、国の求めるレベルに達していない事業所ともいえます。

　どのような商品やサービスでも質の高いものは価格も高いのです。価格の安いものはそれなりです。介護サービスも同様で、利用者負担は一部に過ぎません。介護事業の経営においても、加算の算定が明暗を分けます。報酬改定の審議においてメリハリという言葉が何度も語られました。今回はメリハリの改定です。どこかを引き上げたら、どこかを引き下げる。これがメリハリです。

　例えば、訪問介護は基本報酬が2％以上も引き下げられました。訪問介護は、加算の種類が少ないサービスです。そのような状況で、特定事業所加算の算定が重要になっています。新区分Ⅳは3％の加算率であり、この区分を算定することで基本報酬のマイナスは補填できます。問題は、会議や文章での伝達といった基本要件での事務負担の増加です。事務負担の軽減策は、業務効率化とICT化が一般的です。ICT補助金や助成金を有効活用することも必要です。今後は、有効なアドバイスができるブレーン確保や、業務負担を軽減するためのオンラインサービスの活用がキーポイントになるでしょう。従来の手法が通じなくなっています。「今までが」ではなく、「これからどうするか」です。思考の転換が急務です。

　このような環境変化の中で、この本を経営の一助としてご活用いただければ幸いです。

運営指導の「リスク」は何か

■ 令和4年度の介護事業者の指定取消し、全部停止、一部停止とした行政処分件数は86件

　介護事業者の行政処分件数は、平成25年から平成29年まで5年連続で200件を超えていました。しかし、平成30年以降は減少傾向にあります。平成30年度は、居宅介護支援事業所の指定の権限が都道府県から市町村に移譲され、同時に運営指導についても移譲されたことが原因としてあげられます。令和元年度については令和2年初頭からのコロナ禍の影響で、ほとんどの自治体で運営指導が中止もしくは延期されたことが大きかったとされています。また、令和元年5月に発出された通知、「介護保険施設等に対する実地指導の標準化・効率化等の運用指針について」によって、運営指導の方向が激変しました。この通知は、運営指導を効率化して年間の指導件数を増やすことが主たる目的です。従来は一日作業であった現地指導を半日に短縮して、一日に複数件の運営指導を行うように求めました。これによって、現在は半日型の運営指導が全国的に増えています。これにより、運営指導の実施率が上がっていくことも考えられます。

■ ローカルルールも確認を

　毎年6月は、新年度の運営指導が本格的にスタートする月です。自治体は4月に人事異動があるためです。運営指導を担当する地方公務員の異動の頻度は、3から4年に1回程度が一般的です。これは、同じ部署を長期間担当しないことで不正や汚職を防止するという意味もあります。そのため、地域によっては介護保険を所轄する部署の担当課長などが3年程度で替わるたびに、ローカルルールが変わる問題も起こっています。自治体は、事業者から説明を求められた場合には、ローカルルールの必要性を説明する必要があるとされています。疑問点があれば、必ず自治体に確認してください。

介護サービス事業を営む上での一番大きな経営リスクは指定の取消し処分

　令和4年度に指定取消し・停止処分となった介護サービスは、訪問介護・短期入所生活介護が最も多く、それぞれ13件、2番目が居宅介護支援で12件です。

　介護事業の許認可を申請する段階で、経営者の誓約書を提出しているはずです。この誓約書は法令を遵守することの誓約ですから、介護事業者は、自らの法令知識の不足を、役所の説明不足と言い逃れることはできません。自己責任において最新の法令、基準、通知、Q&Aなどを取得して確実に消化しなければならないのです。

リスクは指定の取消し処分だけではない
介護報酬の返還指導、改善報告を求められることも多い

　リスクは、指定取消し等の営業を継続することが不可能となるような処分だけではありません。その他の指導の件数は非常に多く、他人事とはいえない状況です。令和4年度の運営指導の結果、**半数以上の事業所が「改善報告」を求められ、1割以上の事業所が「過誤調整」**を指示されています。

　過誤調整では、間違った介護報酬の請求をしていたため、返還を指導されたということになります。せっかく得た介護報酬を失うだけではなく、請求金額に誤りがあったということは、利用者の信用を失うことにもつながります。また改善報告にしても、作成するための労力を費やすこととなってしまいます。

■ 虐待が疑われる場合は事前通知なしの指導が可能となっている

　現制度では、「虐待が疑われる」という曖昧な状況では、無通知で運営指導ができるようになっています。事前通知なしの指導は、通所介護などの在宅サービスも含まれ、居宅介護支援事業所も例外ではありません。したがって、運営指導がいつ来ても対応できるように、日常的なコンプライアンス体制の確保が重要です。

■ 運営指導で指摘事項ゼロは実現できる

　コンプライアンス対策以前に、制度を知らない介護事業者が多いのも事実です。

しかし、介護事業所にとって運営指導で指摘事項がゼロであることは当然のことなのです。

運営指導対策やコンプライアンスの理解は、経営陣や責任者だけが学んでも意味がありません。**全職員レベルで法令の理解を進めて、日頃から自信をもって仕事をしていけるような職場作りが大切です**。

職員一人ひとりが運営基準など制度について正しい知識をもっていれば、職員同士で間違いがないか確認し合うことができます。指摘事項がない事業所は、このようにして事前にチェックできる体制が整っているのです。

■ 「忙しい」「面倒だから」は命取りになる

コンプライアンス対策の手抜きは介護報酬の返還等につながります。「自分は理解しているから大丈夫」という慢心や、「面倒だから」という油断が行政指導に直結します。

また、コンプライアンスは運営指導のためだけではありません。運営基準は安全にサービスを提供するために定められているものです。事業所を守るためだけではなく、利用者を守ることにもつながります。「誰のためのサービスか」ということを振り返り、その大切さを認識してください。

■ 日頃からの準備・対策が基本！

運営指導がいつ来てもよいように、日頃からの準備が大切です。運営指導で押さえておくべきポイントは、まず職員の配置、設備の基準、利用者への適切な説明ができているかを確認するいわゆる「**運営基準**」と、適切な介護報酬を請求する条件を満たしているかという「**算定要件**」です。

本書では、第1章で運営基準、第2章で算定要件の解説をしています。特に算定要件についての理解が深まると積極的に加算をしていくことができ、事業所経営上にも大きなメリットをもたらします。

また、実際に指摘された事例も紹介しています。より具体的に、身近な例として捉えていただければ幸いです。

目次

はじめに　今後の介護事業経営における加算算定の重要性 ……… ⅱ
運営指導の「リスク」は何か ……………………………………… ⅳ
コラム　令和6年度介護報酬改定の総括（通所介護）……………… ⅻ

第1章
人員・設備・運営基準　－指定取消しにならないために－

1 人員基準 ……………………………………………………… 2
- 指導事例1　常勤専従の生活相談員が別の事業所に勤務 ……… 9
  - ●解説　通所介護の「単位」……………………………… 13
  - ●解説　常勤と非常勤、専従と兼務 ……………………… 14
  - ●解説　常勤換算方法 …………………………………… 17
  - ●解説　介護職員数の計算方法 ………………………… 18

2 設備基準 ……………………………………………………… 20
- 指導事例2　不正請求の金額が7万円でも指定取消し ……… 23

3 運営基準 ……………………………………………………… 24
- （1）運営規程、重要事項説明書、契約書 ………………… 24
- 指導事例3　人員配置や定員超過についての虚偽の報告・答弁 … 27
- （2）個人情報利用の同意書 …………………………………… 28
- （3）運営推進会議（地域密着型通所介護のみ）……………… 32
- （4）その他の運営基準 ………………………………………… 36
  - ●解説　高齢者の虐待の発生等を防止する措置 ………… 40
  - ●解説　感染症の予防及びまん延の防止のための措置 … 42
- （5）ケアマネジメントプロセス ……………………………… 47
- （6）会計の区分 ………………………………………………… 52
- （7）介護サービス事業者経営情報の公表義務 ……………… 54

第2章
介護報酬の算定要件 －報酬返還にならないために－

1 通所介護費 …………………………………………………………………… 59
- （1）通所介護費 …………………………………………………………………… 59
  - ●解説　前年度の1月当たりの平均利用延人員数の計算 ………………… 62
  - ●解説　感染症等により利用者が減少した場合 …………………………… 64
  - 指導事例4　サービス提供時間を短縮せずに通所介護費を請求 ………… 69
- （2）地域密着型通所介護費、療養通所介護費 ………………………………… 70
  - ●解説　療養通所介護の報酬 ………………………………………………… 73

2 減　算 ………………………………………………………………………… 74
- （1）定員超過利用減算 …………………………………………………………… 74
- （2）人員基準欠如減算 …………………………………………………………… 76
- 指導事例5　生活相談員の不在と定員超過の常態化 ………………………… 79
- （3）事業所と同一建物内の利用者へのサービス提供 ………………………… 80
- （4）送迎未実施減算 ……………………………………………………………… 82
- 指導事例6　利用者を車内に拘束していた ……………………………………… 85
- （5）高齢者虐待防止措置未実施減算 …………………………………………… 86
- （6）業務継続計画未策定減算 …………………………………………………… 88

3 加　算 ………………………………………………………………………… 90
- （1）感染症等への対応加算（基本報酬への3％加算）………………………… 90
- （2）延長加算 ……………………………………………………………………… 92
- 指導事例7　サービス提供時間中の医療機関の受診 ………………………… 95
- （3）中山間地域等に居住する者へのサービス提供加算 ……………………… 96
- （4）入浴介助加算 ………………………………………………………………… 98
- 指導事例8　清拭で入浴介助加算を請求 ……………………………………… 103
- （5）中重度者ケア体制加算 ……………………………………………………… 104
  - ●解説　看護職員・介護職員の計算方法 …………………………………… 107
  - ●解説　前3ケ月の考え方 …………………………………………………… 108

- ●解説　要介護3以上の利用者の計算方法……………………………109
- (6)　生活機能向上連携加算…………………………………………………110
- 指導事例9　個別機能訓練計画なしで個別機能訓練加算を算定……………117
- (7)　個別機能訓練加算………………………………………………………118
- 指導事例10　実際には勤務していない機能訓練指導員を配置………………123
  - ●解説　LIFEへの情報の提出頻度……………………………………125
- (8)　ADL維持等加算…………………………………………………………128
  - ●参考　Barthel Index（バーセルインデックス）……………………130
  - ●解説　調整済ADL利得の平均………………………………………131
- (9)　認知症加算………………………………………………………………132
  - ●参考　認知症高齢者の日常生活自立度判定基準……………………135
- (10)　若年性認知症利用者受入加算…………………………………………136
- (11)　栄養アセスメント加算…………………………………………………138
- 指導事例11　アセスメントの記録がない………………………………………141
- (12)　栄養改善加算……………………………………………………………142
- 指導事例12　介護保険サービスを提供しない日に入浴介助加算………………145
- (13)　口腔・栄養スクリーニング加算………………………………………146
- (14)　口腔機能向上加算………………………………………………………150
- (15)　科学的介護推進体制加算………………………………………………156
- (16)　サービス提供体制強化加算……………………………………………158
- (17)　介護職員等処遇改善加算………………………………………………162
  - ●解説　令和6・7年度のベースアップについて……………………171
  - ●解説　介護職員等処遇改善加算（Ⅴ）………………………………172
  - ●解説　キャリアパス要件………………………………………………174
  - ●解説　職場環境等要件…………………………………………………177

4　算定の手続き……………………………………………………………………179
- (1)　「介護給付費算定に係る体制等状況」届の提出………………………179
- (2)　請求、給付管理、過誤申立……………………………………………181
- (3)　値引きと不当値引きの考え方…………………………………………183

第3章
介護保険外の料金、サービスとの関係

(1) その他の日常生活費 ･･･ 186
(2) 外出でのサービス提供 ･････････････････････････････････････ 188
(3) 高齢者住宅併設の場合 ･････････････････････････････････････ 190
指導事例13　生活相談員が高齢者住宅の夜勤業務に従事 ･･････････････ 193
(4) お泊りサービス ･･･ 194
(5) 共生型サービス ･･･ 197

本書の活用と通所介護のルールについて

　通所介護を提供するにあたっては、介護保険法をはじめ、運営基準や介護報酬について定めた法令や通知、条例を遵守しなければなりません。法令等にはさまざまなものがありますが、次のものは最低限おさえておきましょう。

●人員・設備・運営基準

種別	法令・通知名	番号
省令	指定居宅サービス等の事業の人員、設備及び運営に関する基準	平成11年3月31日 厚生省令第37号
通知	指定居宅サービス等及び指定介護予防サービス等に関する基準について	平成11年9月17日 老企第25号
条例※	「○○県指定居宅サービス等の事業の人員、設備及び運営等に関する基準を定める条例」「○○市介護保険事業等の人員、設備及び運営に関する基準を定める条例」など、都道府県・市町村で制定する人員・設備・運営に関する基準を定めた条例	

※人員・設備・運営に関する基準については、各都道府県・市町村等が省令（指定居宅サービス等の事業の人員、設備及び運営に関する基準）をベースにして、地域の特性に合わせた**独自の条例**を制定しています。事業所の所在する地域の条例を必ず確認しましょう。

●介護報酬

種別	法令・通知名	番号
告示	指定居宅サービスに要する費用の額の算定に関する基準	平成12年2月10日 厚生省告示第19号
告示	厚生労働大臣が定める基準	平成27年3月23日 厚生労働省告示第95号
告示	厚生労働大臣が定める基準に適合する利用者等	平成27年3月23日 厚生労働省告示第94号
告示	厚生労働大臣が定める施設基準	平成27年3月23日 厚生労働省告示第96号
通知	指定居宅サービスに要する費用の額の算定に関する基準（訪問通所サービス、居宅療養管理指導及び福祉用具貸与に係る部分）及び指定居宅介護支援に要する費用の額の算定に関する基準の制定に伴う実施上の留意事項について	平成12年3月1日 老企第36号

> **注意！**
> ➡ 本書の内容は、上記法令（告示・省令・通知）等の一般的な解釈に基づくもので、**各地域の条例やローカルルールのすべてを網羅するものではありません**。実際の運用にあたっては、条例の規定と保険者（都道府県・市町村）の意見等を確認してください。
> ➡ 本書の内容は、**令和6年6月1日現在**の法令の規定内容に基づいて作成しています。
> ➡ 法令・条例や通知は改正されることがありますので、**常に最新の情報を確認する**ようにしてください。

令和6年度介護報酬改定の総括（通所介護）

■ **プラス改定と今回の大きな変更点**

　通所介護は0.44％、地域密着型通所介護は0.38％のプラスとなりました。また、入浴介助加算Ⅰの算定要件に、入浴介助担当者への入浴技術研修が義務化されたことが大きい変更点です。研修自体は、厚生労働省がビデオ講座と解説書を提供していますので、それを活用すれば足ります。しかし、この算定要件の変更を知らずに従来通りの提供を続けた場合には、運営指導で報酬返還となる事業所が増えるでしょう。また、入浴介助加算Ⅱについては、通所介護、通所リハビリテーション共に、介護職員がカメラマン的な立ち位置で居宅訪問することが可能となっています。ただし、あくまでも介護職員はビデオやテレビ会議システム中継のカメラマンであって、評価やアドバイスは医師等が行うことに注意すべきです。

　通所介護の個別機能訓練加算Ⅰ（ロ）の算定要件である、機能訓練指導員2人配置かつ1人が常勤専従である旨の要件が廃止となりました。これによって、2人共に機能訓練の時間帯に配置する非常勤配置が可能となりました。同時に、非常勤化で人件費が減少することから、加算単位が減額されました。この変更で、リハ職を手厚く配置してきたリハビリ（機能訓練）特化型デイサービス（通所介護）が減収となっています。しかし、それ以上に、常勤専従規定が壁となって個別機能訓練加算Ⅰ（ロ）の算定ができなかった事業所が算定可能となりました。この場合には、20単位の増収となります。例えば、午後から非常勤の機能訓練指導員が勤務して、常勤で看護職員を配置した場合、看護職員を午前中は看護職員、午後は機能訓練指導員とすることで、午後の時間帯は2人体制となって個別機能訓練加算Ⅰ（ロ）の算定が可能です。

■ **業務継続計画未策定減算の創設とLIFE（科学的介護情報システム）への対応**

　令和6年度介護報酬改定において、業務継続計画未策定減算が創設されました。介護施設と居住系サービスは3％、それ以外は1％の減算となります。訪問系サービスと居宅介護支援は令和7年4月からの適用です。それ以外のサー

ビスにおいても、感染症指針と災害対策計画が策定されている場合には同様の扱いとなります。問題は、減算は算定要件であり、令和6年4月からの義務化は運営基準であることです。運営指導において未策定が発覚した場合は、運営基準違反として指導対象となり、令和6年にさかのぼって減算が適用されます。

LIFE関連では、すべての加算のLIFEへの提出頻度が3ケ月に1度に統一されました。また、LIFE自体も令和6年4月10日でこれまでのLIFEシステムが終了しています。令和6年8月1日から新たなLIFEシステムが稼働します。

■ 介護職員処遇改善3加算の廃止と介護職員等処遇改善加算への一本化

令和6年6月からは、現行の介護職員処遇改善3加算が廃止となり、新たに創設される介護職員等処遇改善加算に一本化されます。特例として、令和6年度（令和7年3月）末までは、区分Ⅴ（1）～（14）が設けられました。現時点において処遇改善加算Ⅲ区分を算定するなどで、すぐには対応できない場合を想定して、新加算の要件をクリアできない場合の特例措置とされています。

新加算のポイントは、令和6年度に2.5%、令和7年度に2.0%のベースアップとするための措置が含められていることです。令和6年からの新加算の算定率には、2年分の賃上げ分を含んでいます。そのため、令和6年6月に移行した段階で算定率は現行の3加算と令和6年2月からの支援補助金を合計した加算率より高く設定となりました。

なお、介護職員等処遇改善加算の算定要件である職場環境等要件では、生産性向上のための業務改善の取組みを重点的に実施すべき内容に改められています。

第 1 章

人員・設備・運営基準

―指定取消しにならないために―

1 人員基準

　通所介護事業所には、事業所ごとに管理者・生活相談員・機能訓練指導員、単位ごとに看護職員・介護職員を置くことが法令で定められています。

　介護職員については、利用者数により配置する人数が変わりますが、それ以外の職種は1人置くことで基本的な基準を満たすことができます。しかし、兼務ができるか、サービス提供時間中にずっといる必要があるのか、常勤でなければいけないのかなどは職種によって基準が異なりますので、必ず確認しましょう。

人員基準を満たすのはこんな配置！

ポイント 利用定員が10人以下の場合（地域密着型通所介護）

　利用定員が10人以下の場合は、人員基準が緩和されます。
　単位ごとに、看護職員又は介護職員を常時1人以上配置すればよいことになっています。この場合、通所介護の単位ごとに、通所介護を提供している時間帯において、次の計算式を満たすように看護職員か介護職員を配置します。

> 専従の看護職員又は介護職員が勤務している時間数の合計
> ÷提供単位時間数≧1

　介護職員が配置されていれば、看護職員の配置はいりません。

1 人員基準

〈チェック事項〉

1 看護職員

□ 単位ごとに、バイタルチェック時など看護業務を行う時間に、看護師又は准看護師を専従で1人以上配置しているか

1 看護職員

- サービス提供日ごとに、事業所でバイタルチェックなどの看護関係業務を行う時間帯に、**看護職員1人の専従配置が必要です。**
- それ以外の時間帯は、次のa～cのいずれかのように通所介護事業所と密接かつ適切に連携できる場合は専従しないとすることができます。
  - a 同じ事業所で機能訓練指導員等の兼務をしている。
  - b 同じ事業者が運営する他の事業所に従事していて、連携ができている。
  - c 病院、診療所、訪問看護ステーションの看護職員が、事業所の利用者の健康状態の確認を行う協定書等を結ぶなど、サービス提供時間帯を通じて連携ができている。

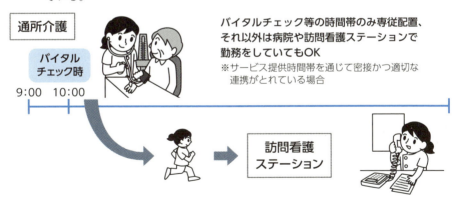

- 地域密着型通所介護で利用定員10人以下の場合は特例があります。

3

〈チェック事項〉

2 介護職員

- [ ] 単位ごとに、サービス提供時間帯に次の計算式を満たすように介護職員を配置しているか

利用者15人まで

$$\text{単位ごとに確保すべき勤務延時間数} \geq \text{平均提供時間数}$$

利用者16人以上

$$\text{単位ごとに確保すべき勤務延時間数} \geq ((\text{利用者数}-15) \div 5 + 1) \times \text{平均提供時間数}$$

- [ ] 単位ごとに、常時1人を配置しているか
- [ ] 医療・福祉系の資格がない職員は認知症介護基礎研修を受講しているか
- [ ] 生活相談員又は介護職員のうち1人以上は常勤か

注意！ 介護職員は常に1人以上配置

介護職員は、通所介護の単位ごとに常時1人以上確保することとされています。例えば、計算式により算出した確保すべき勤務延時間数が、四捨五入などの関係で、その事業所のサービス提供の開始から終了までの総時間数に満たない場合でも、常に1人以上確保されるように介護職員の配置を行う必要があります。**介護職員の不在の時間帯があってはいけません。**

ポイント 認知症介護基礎研修の受講義務がない介護職員

介護職員のうち養成施設の卒業者については、卒業証明書や履修科目証明書で認知症科目の受講が確認できればよく、福祉系高校の卒業者は、卒業証明書により単に卒業が証明できれば、受講義務の対象外となります。一方、認知症サポーター等養成講座修了者は、受講義務の対象外とはなりません。

2 介護職員

- 通所介護の単位ごとにチェック事項の計算式を満たす配置が必要です。
    - ➡ 単位については、「解説　通所介護の「単位」」13頁を参照
    - ➡ 具体的な計算方法は、「解説　介護職員数の計算方法」18頁を参照
- 介護職員は、通所介護の単位ごとに、サービス提供時間帯の間中、常に1人以上を配置します。**介護職員が配置されていない時間帯があってはいけません。**
- 利用者の処遇に支障がない場合は、通所介護の他の単位の介護職員としても従事することができます。単位ごとに、介護職員が常に1人以上確保されている限り、1人を超えている部分については単位を超えて柔軟な配置が可能です。

職員が1人以上いれば2人目は別の単位と行ったり来たりしてもOK

- 介護職員として配置する職員のうち、医療・福祉関係の資格を持たない職員には、認知症介護基礎研修の受講が義務づけられています。外国人介護職員も在留資格にかかわらず、義務づけの対象となります。
- 生活相談員か介護職員のうち、1人以上は常勤である必要があります。

第1章 人員・設備・運営基準

〈チェック事項〉

3 生活相談員

☐ 事業所ごとに、専従の生活相談員が次の計算式を満たすように配置されているか

> サービス提供日ごとに確保すべき勤務延時間
> ≧サービスを提供している時間数

☐ 生活相談員の資格は適切か

1 人員基準

3 生活相談員

● 事業所ごとに、チェック事項の計算式を満たすように専従で配置します。
→ 勤務延時間については、「解説 介護職員数の計算方法」18頁を参照

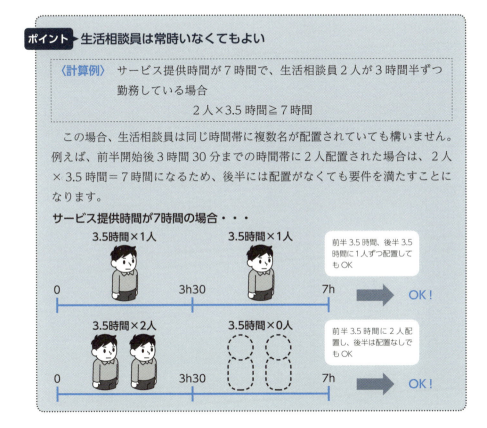

● 生活相談員の資格は、次のa・bのいずれかを満たす必要があります。
 a 社会福祉主事の任用資格がある者
  (ア)大学等で社会福祉に関する科目を修めて卒業した者
  (イ)都道府県知事が指定する養成機関又は講習会の課程の修了者(中央福祉学院が実施する施設長研修修了者等)
  (ウ)社会福祉士
  (エ)厚生労働大臣の指定する社会福祉事業従事者試験に合格した者

㋵精神保健福祉士等、㋐〜㋓と同等以上の能力がある者
- b 社会福祉主事の任用資格がある者と同等以上の能力がある者

    ※介護福祉士、ケアマネジャー、介護保険施設や通所系サービス事業所で2年以上の実務経験など都道府県によって異なります。

1 人員基準

常勤専従の生活相談員が別の事業所に勤務
平成23年3月　指定取消し

行政処分の理由

別法人の居宅介護支援事業所に常勤で勤務している管理者兼ケアマネジャーを、指定時に常勤専従の通所介護の生活相談員であると届け出て、指定を受けた。

不正のポイント

▶ **「常勤専従の生活相談員」が、別法人の事業所に勤務していた**

この事例の問題は、許認可時の申請を甘く考えた点にあります。許認可申請を軽く捉えて、事業開始時点で職員がそろっていればよいとして、**許認可申請時にいわゆる「名義借り」で職員がいるように装うケース**では、ほぼ間違いなく**申請時にさかのぼって指定の取消しとなり、その期間の介護報酬は返還請求となります**。

これは、行政書士等の専門家に書類作成を依頼した場合も起こり得ることですが、そのようなごまかしで作成した書類で許認可を得ようとする場合は、大きな罰則を受けることになります。介護事業者に対する業務停止や指定取消し等の行政処分の理由の大部分が、事業者が安易に行う虚偽と偽装にあることを認識しましょう。

> 名義借りなどの偽装を安易に行うと、厳しい行政処分につながります！

〈チェック事項〉

4 機能訓練指導員

- [ ] 事業所ごとに機能訓練指導員を1人以上配置しているか
- [ ] 機能訓練指導員の資格は適切か

5 管理者

- [ ] 管理者を常勤専従で1人配置しているか
- [ ] 兼務している場合は、管理上支障がない範囲か

個別機能訓練加算（118頁）を算定する場合は、機能訓練指導員の配置や兼務に注意！

4 機能訓練指導員

- 機能訓練指導員を1人以上配置します。
- 機能訓練指導員の資格とは、理学療法士、作業療法士、言語聴覚士、看護職員、柔道整復師、あん摩マッサージ指圧師、はり師又はきゅう師の資格をいいます（はり師及びきゅう師については、理学療法士、作業療法士、言語聴覚士、看護職員、柔道整復師又はあん摩マッサージ指圧師の資格を有する機能訓練指導員を配置した事業所で6ケ月以上機能訓練指導に従事した経験を有する者に限る）。

5 管理者

- 管理者は、通所介護事業所の管理を行うために常勤専従の者を1人配置します。
- 管理上支障がない場合は、次の職務に従事することができます。
  a　通所介護事業所の他の職務（通所介護の従事者として勤務）
  b　他の事業所、施設等の職務（管理業務を行う）

  例えば、同じ事業所の生活相談員や介護職員を兼務したり、別の事業所の管理者を兼務することができますが、管理者の職務を果たせることが条件となります。基本的には、管理者の業務と兼務の業務が半々程度までは認められるようですが、兼務はあくまで「特例」であることを認識する必要があります。
- **兼務する職務が事業所の管理業務と同時並行的に行うことができない場合は、兼務不可となります。**

第1章 人員・設備・運営基準

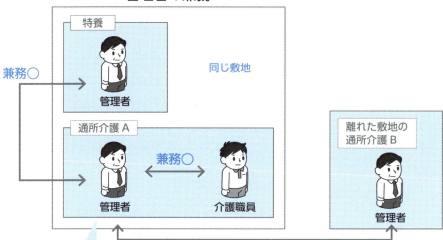

解説　通所介護の「単位」

　通所介護のサービス提供の「単位」とは、「サービス提供時間」と「利用定員」からなり、事業者の指定を受ける段階で、その事業所が提供するサービスの基本形として届け出るものです。

　1つの単位において、通所介護が同時に一体的に提供される必要があり、例えば、次のような場合は1単位として扱われません。

- a　午前と午後で分けて、異なる利用者に対して通所介護を提供するような場合
- b　1階と2階にフロアを分けて通所介護を提供するなど、同時に一定の距離を置いた2つの場所で行われ、サービスの提供が一体的に行われているとはいえない場合

解説　常勤と非常勤、専従と兼務

○常勤とは

　常勤とは、雇用契約書に記載されている勤務時間が、就業規則で定められている勤務時間数（32時間を下回る場合は32時間）に達している職員をいいます。この場合、雇用契約の形態は**正社員、パート、アルバイト、嘱託社員、契約社員、派遣社員**などを問わずに常勤扱いとなります。

　逆に、社内での扱いが正社員であっても、勤務時間が就業規則に定められた勤務時間に達していない場合は非常勤職員の扱いになります。家庭の事情などで雇用契約書に記載される勤務時間が就業規則の規定よりも短い場合も含まれます。

　また、管理者が他の職務を兼務する場合は、兼務する複数の職種の勤務時間の合計が就業規則に定められた勤務時間に達していれば、常勤として扱われます。

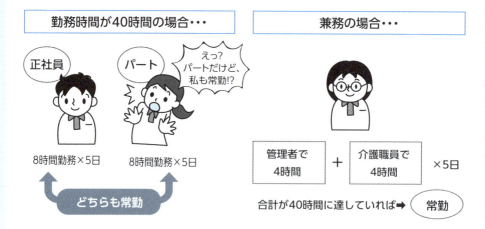

○常勤と非常勤の違い（常勤換算時の休暇等の取扱い）

　常勤職員と非常勤職員の大きな違いは、**休暇や出張時の取扱い**にあります。常勤職員は休暇や出張の期間が1ヶ月を超えない限り、常勤として勤務したことになります。一方で非常勤職員の場合、休暇や出張はサービス提供に従事した時間とはいえないので、常勤換算する場合の勤務延時間数に含めることができません。

　要は、常勤職員は月の中で1日でも出勤していれば人員基準では1人と計算され、非常勤職員は休暇等の時間は常勤換算での延べ勤務時間には含めずに計算されるということです。

ただし、この取扱いは人員基準の職員数の確認に限られます。日々の配置は、規定の職員数を確保していなければなりません。常勤職員が出張等で不在の場合に、代わりの職員を配置しなくてもよいということではないので注意が必要です。

常勤・非常勤、専従・兼務の考え方

用語の定義と 4つの勤務形態の例		専従（専ら従事する・ 専ら提供に当たる） 当該事業所に勤務する時間帯において、その職種以外の職務に従事しないこと	兼務 当該事業所に勤務する時間帯において、その職種以外の職務に同時並行的に従事すること
常勤	当該事業所における勤務時間が、「当該事業所において定められている常勤の従業者が勤務すべき時間数」に達していること	①**常勤かつ専従** 1日当たり8時間（週40時間）勤務している者が、その時間帯において、その職種以外の業務に従事しない場合	②**常勤かつ兼務** 1日当たり8時間（週40時間）勤務している者が、その時間帯において、その職種に従事するほかに、他の業務にも従事する場合
非常勤	当該事業所における勤務時間が、「当該事業所において定められている常勤の従業者が勤務すべき時間数」に達していないこと	③**非常勤かつ専従** 1日当たり4時間（週20時間）勤務している者が、その時間帯において、その職種以外の業務に従事しない場合	④**非常勤かつ兼務** 1日当たり4時間（週20時間）勤務している者が、その時間帯において、その職種に従事するほかに、他の業務にも従事する場合

①～④：事業所における通常の勤務時間が1日当たり8時間（週40時間）と定められている事業所においての勤務形態の例

第1章 人員・設備・運営基準

> **ポイント ▶ 常勤者の勤務時間の特例（育児・介護・治療等の短時間勤務の場合）**
>
> 　以下の制度により、常勤の従業者が勤務すべき時間数を 30 時間としている短縮措置の対象者は、30 時間勤務することで「常勤」として取り扱うことができます。
> - 育児・介護休業法の短時間勤務制度
> - 男女雇用機会均等法の母性健康管理措置
> - 「事業場における治療と仕事の両立支援のためのガイドライン」に沿って事業者が自主的に設ける短時間勤務制度
>
> 　また、「常勤」での配置が求められる職員が、産前産後休業や育児・介護休業、母性健康管理措置等の休業で休んだ場合は、同等の資質を持つ複数の非常勤職員を常勤換算することで人員配置基準を満たすことが認められます。

判断フロー図

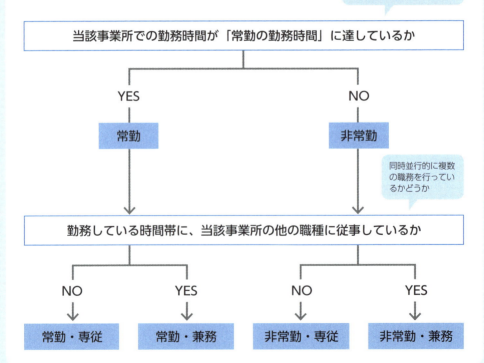

解説　常勤換算方法

　常勤換算方法とは、非常勤職員の勤務時間数の合計が常勤職員の何人分に当たるかを算出する計算方法です。

　常勤換算の計算方法は、毎月1日から月末までの勤務実績表を用いて、1ケ月分の延べ勤務時間（勤務延時間）を集計して、常勤職員が勤務すべき時間数（週32時間を下回る場合は32時間※）で割って算出します（小数点第2位以下は切り捨て）。

※以下の制度の対象者は週30時間以上
- 育児・介護休業法の短時間勤務制度
- 男女雇用機会均等法の母性健康管理措置
- 「事業場における治療と仕事の両立支援のためのガイドライン」に沿って事業者が自主的に設ける短時間勤務制度

> **各従業者の1ケ月の勤務時間の合計**
> **÷事業所の定める常勤職員の1ケ月に勤務すべき時間数**

　また、職員が複数の職種を兼務している場合は、集計する職種の勤務時間だけを計算します。**この勤務時間に残業時間は含めません。**非常勤の従業者の休暇や出張の時間、自費サービスなど介護保険外のサービスに従事している時間も常勤換算の勤務時間に含めることはできません。

〈計算例〉
ある事業所の4月の勤務実績の例
○介護職員（常勤職員）5人 ➡ **常勤換算数 5人（①）**
○介護職員（非常勤職員）3人
　4月の非常勤職員の勤務延時間数が252時間で、常勤職員が1ケ月に勤務すべき時間数を168時間とすると ➡ **常勤換算数 252÷168＝1.5人（②）**

常勤換算数 ① 5人 ＋ ② 1.5人 ＝ 6.5人
　　　　　　　　　　　この事業所の4月の常勤換算数は6.5人になります。

> **注意！　常勤換算に送迎時間を含めていませんか？**
>
> 　常勤換算で計算すると人員基準で必要な人数を満たしていないケースが見受けられます。シフト表でギリギリに職員配置を組んでいる場合で、送迎に出ている時間や常勤換算の勤務時間に含めることができないお泊りサービスなどの自費サービス提供時間や高齢者住宅での業務時間を勤務時間に含めているのが原因です。

第1章　人員・設備・運営基準

解説　介護職員数の計算方法

確保すべき介護職員の勤務延時間数は、次の通り計算します。

利用者数 15 人まで

> 単位ごとに確保すべき勤務延時間数 ≧ 平均提供時間数

利用者数 16 人以上

> 単位ごとに確保すべき勤務延時間数
> ≧（（利用者数－15）÷ 5 ＋ 1）× 平均提供時間数

○勤務延時間数

ここでいう勤務延時間数は、サービス（通所介護）を提供している時間帯に介護職員が勤務している時間数の合計です。サービス提供時間外の勤務時間は含めません。

〈計算例〉

介護職員A	勤務時間　9:30 〜 16:00（6 時間 30 分）
介護職員B	勤務時間 12:00 〜 14:00（2 時間）
介護職員C	勤務時間 14:00 〜 16:30（2 時間 30 分）

➡ 勤務延時間数＝ 6.5 時間 ＋ 2 時間 ＋ 2.5 時間 ＝ 11 時間

○平均提供時間数

平均提供時間数は、利用者にサービスを提供した時間の平均です。
次の通り計算します。

> 平均提供時間数＝利用者ごとの提供時間数の合計÷利用者数

〈計算例〉

サービス提供時間	利用者数	計
9:30 〜 16:30（7 時間）	●●●●●●●●●	9 人
10:30 〜 13:30（3 時間）	●●●●●●●●●	9 人

　利用者ごとの提供時間数の合計＝ 7 時間× 9 人＋ 3 時間× 9 人＝ 90 時間
　利用者数＝ 9 人＋ 9 人＝ 18 人
　90 時間÷ 18 人＝ 5 時間
この場合の平均提供時間数は、5 時間ということになります。

○平均提供時間と介護職員の確保すべき勤務延時間の関係

利用者数ごとの平均提供時間数と介護職員の確保すべき勤務延時間の関係を整理したのが、次の表となります。

通所介護の人員配置基準を満たすために必要な介護職員の勤務延時間数

		平均提供時間数						
		3.0 時間	4.0 時間	5.0 時間	6.0 時間	7.0 時間	8.0 時間	9.0 時間
利用者	5人	3.0 時間	4.0 時間	5.0 時間	6.0 時間	7.0 時間	8.0 時間	9.0 時間
	10人	3.0 時間	4.0 時間	5.0 時間	6.0 時間	7.0 時間	8.0 時間	9.0 時間
	15人	3.0 時間	4.0 時間	5.0 時間	6.0 時間	7.0 時間	8.0 時間	9.0 時間
	16人	3.6 時間	4.8 時間	6.0 時間	7.2 時間	8.4 時間	9.6 時間	10.8 時間
	17人	4.2 時間	5.6 時間	7.0 時間	8.4 時間	9.8 時間	11.2 時間	12.6 時間
	18人	4.8 時間	6.4 時間	8.0 時間	9.6 時間	11.2 時間	12.8 時間	14.4 時間
	19人	5.4 時間	7.2 時間	9.0 時間	10.8 時間	12.6 時間	14.4 時間	16.2 時間
	20人	6.0 時間	8.0 時間	10.0 時間	12.0 時間	14.0 時間	16.0 時間	18.0 時間

利用者が18人で、平均提供時間数が5時間の場合、介護職員の確保すべき勤務延時間数は8時間になっていることがわかります。

> 〈計算例〉
> 計算式に当てはめてみると、次の通りになります。
> 利用者数18人の場合、サービス提供時間帯に確保すべき介護職員数は、
> **((18人－15) ÷ 5 + 1) = 1.6人**
> サービス提供時間数（平均提供時間数）が5時間の場合は、
> **1.6人×5時間＝8時間**
> 8時間の勤務延時間数分の人員配置が必要になります。

先に計算した勤務延時間数は11時間だったので、この場合、11時間＞8時間で基準を満たすことになります。今回の例では、3人の職員が配置されていますが、勤務延時間数が8時間になれば配置される人数は2人でも、4人でも構いません。

ただし、サービス提供時間外の勤務時間は含めないため、サービス提供時間帯が9:30～16:30の計7時間の場合に、8時間勤務の職員を1人配置するだけでは、「通所介護を提供している時間帯に勤務した時間数」は7時間となるので、基準を満たしません。

2 設備基準

〈チェック事項〉

1 必要な設備

- ☐ 次の場所を確保しているか
    - ☐ 食堂
    - ☐ 機能訓練室
    - ☐ 静養室
    - ☐ 相談室
    - ☐ 事務室
- ☐ サービスに関係のない備品などを置いていないか
- ☐ 通所介護のスペースを他の目的に使っていないか
- ☐ 次の設備・備品を備えているか
    - ☐ 消火設備、非常災害時に必要な設備
    - ☐ サービス提供のために必要な設備・備品

2 食堂・機能訓練室

- ☐ 食堂と機能訓練室の合計面積は、3㎡×利用定員以上となっているか

3 静養室

- ☐ 遮へい物を置くなど利用者が静養できるように配慮されているか

4 相談室

- ☐ 遮へい物を置くなど相談内容の漏えい防止に配慮されているか

5 消防設備

- ☐ 消防法に規定された設備は設置されているか

1　必要な設備

- 通所介護事業所には、食堂、機能訓練室、静養室、相談室、事務室があり、消火設備や非常災害時に必要な設備とサービスの提供に必要な設備・備品等を備えていなければなりません。

- 通所介護事業所のサービス提供スペースに、サービスに関係がない備品などを置いている場合、そのスペースは必要な面積から除かれることになります。例えば、併設の整骨院の施術用の機材を置いていたり、むやみに大きいウォーターベッドがスペースを占有している場合などがこれに該当します。

サービス提供に必要のないものは置かない!

- サービス提供時間中に、届け出ている通所介護の提供スペースを**通所介護以外の目的に使用することはできません。**

2　食堂・機能訓練室

- 食堂と機能訓練室は、それぞれ必要な広さがあり、その合計面積は、3㎡×利用定員以上となっている必要があります。
- 食堂と機能訓練室は、食事の提供や機能訓練を行うのに支障がない広さがあれば、同じ場所とすることができます。

3　静養室

- 壁やパーテーションのような遮へい物を設置するなど、利用者が静養できるように配慮されていることが必要です。

4 相談室

- 遮へい物の設置等により相談の内容が漏えいしないよう配慮されていることが必要です。

5 消防設備

- 消火器や自動火災報知設備など消防法等の法令に規定された設備の設置が必要です。詳細については最寄りの消防署に確認してください。

> **ポイント　設備にかかる共有の明確化**
>
> 　例えば、通所介護と訪問介護が併設されている場合、事務室、玄関、廊下、階段などの設備も、共用が可能であることが平成30年改正で明記されました。この場合、併設サービスは訪問介護に限らず、共用が可能です。ただし、認知症対応型通所介護は、一般の通所介護との一体的実施は不可です。

2 設備基準

指導事例 2

不正請求の金額が7万円でも指定取消し
平成26年8月　指定取消し

行政処分の理由

- 提供時間中に医療機関の受診等があったが、所要時間の区分の変更を行わず介護報酬を請求した。
- 入浴ではなく清拭を実施して入浴介助加算を算定した。
- 実際の勤務シフトと異なる虚偽の勤務表を提出し、職員の勤務状況も虚偽の報告を行い、証拠を提示されても事実を否定し続けた。

不正のポイント

▶**虚偽の報告を行い、証拠を提示されても事実を否定し続けた**

　この事例で注目すべき点は、不正金額がわずか7万円であったことです。多くの人は、「何千万、何億円という高額の不正請求であれば行政処分となるが、数万、数十万円のレベルであれば情状酌量されて問題とならないだろう」と考えているのではないでしょうか。しかし、同年3月には訪問介護事業所が2万6,000円の不正請求で指定取消しとなった事例があります。すなわち、**金額の大小にかかわらず行政処分が行われる**のです。

　このような行政処分につながった大きな理由は、「実際の勤務シフトと異なる虚偽の勤務表を提出し、従業者の勤務状況についても虚偽の報告をし、その後証拠を提出されても事実を否定し続けた」ことです。

　法令では、虚偽・偽装という行為が悪質と認められた場合に指定取消しなどの処分を行うことを規定しています（介護保険法第77条第8号）。前述の2万6,000円の不正請求で指定取消しとなった訪問介護事業所のケースも同様で、虚偽・偽装が指定取消しの大きな理由となっており、現実的に最も多い指定取消しの理由となっています。

> 不正の金額が少なくても、虚偽・偽装は指定取消しにつながります！

23

3 運営基準

(1) 運営規程、重要事項説明書、契約書

〈チェック事項〉

1 運営規程

運営規程に次の項目を定めているか
- ☐ 事業の目的・運営の方針
- ☐ 従業者の職種・員数・職務の内容
- ☐ 営業日・営業時間　　☐ 利用定員
- ☐ 通所介護の内容・利用料その他の費用の額
- ☐ 通常の事業の実施地域（事業所が通常時に通所介護を提供する地域）
- ☐ 通所介護の利用にあたっての留意事項
- ☐ 緊急時等の対応方法
- ☐ 非常災害対策
- ☐ 虐待防止のための措置
- ☐ その他運営に関する重要事項

2 重要事項説明書

- ☐ 同意の日がサービス開始日より前になっているか
- ☐ 運営規程に記載された内容に沿っているか
- ☐ 運営規程に記載された「従業者の員数」と合致しているか
- ☐ 苦情の担当窓口は、「事業所の苦情担当者」「役所の苦情担当窓口」「国保連の苦情担当窓口」の3ケ所が記載されているか
- ☐ 重要事項説明書は、事業所内の見やすい場所に掲示されているか
- ☐ 重要事項をウェブサイトに掲載しているか

3 契約書

- ☐ 利用者と契約書はとりかわしているか
- ☐ 契約書は不適切な内容、利用者に不利な内容になっていないか

1 運営規程

- 運営規程は、介護事業所の「法律」です。運営指導では、ここに記載された内容が確実に実施されているかが確認されますが、許認可時に一度、役所の確認が終わっている書類であるため、重大に考える必要はありません。
- 運営指導の事前チェックでは、次の事項が**運営規程の記載と整合性がとれているか確認**しておきます。
    - ➡ 営業時間やサービス提供時間の変更
    - ➡ 防災訓練の実施回数
    - ➡ 健康診断の実施回数
- 「従業者の員数」に変更がある場合は、通常は毎年3月に、その時点の実職員数を記載した変更届を提出します。ただし、日々の人数が大きく変動した場合はその時点で変更届を提出します。
- 「営業時間」は、8時間以上9時間未満の通所介護に続けて延長サービスを行う場合は、サービス提供時間とは別に延長サービスの時間を明記します。
- 「利用定員」は、事業所で同時に通所介護を提供できる利用者の数（実人員数）の上限をいいます。

2 重要事項説明書

- サービス開始までに、利用者や家族に重要事項説明書の内容を説明して同意を得なければなりません。また、控えは利用者に渡します。
- 運営指導では、**サービスの開始日と同意の日が前後していないか**などが確認されます。

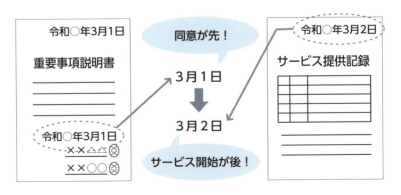

- 重要事項を掲載するウェブサイトとは、法人のホームページや介護サービス情報公表システムのことをいいます。

> **注意！** 介護報酬改定時にも重要事項説明書の同意が必須！
>
> 　記載内容に重要な変更があったり、介護報酬改定により利用料金が変わる場合は、その都度、重要事項説明書を再作成して、改定等が実施されるまでに利用者に説明し同意を得て、控えを渡す必要があります。
> 　介護報酬は3年に一度4月に改定されますが、その場合は、1ケ月前（3月中）に利用料金の変更部分がわかる資料と同意書を作成して、利用者や家族の同意を得る方法が一般的です。

3 契約書

- 契約書は、介護保険関係法令上で作成が義務づけられている書類ではありません。しかし、後日のトラブルや裁判等での利用者保護の意味で、運営指導では、**必ず契約書のとりかわしの状況と内容が確認されます**。
- 契約書の記載事項には特に決まりはありませんが、不適切なものであったり、利用者に著しく不利な契約内容の場合は、是正するよう指導されます。例えば、異常に高額なキャンセル料や途中解約での違反金の設定をしていたり、併設の一般事業の利用や高齢者住宅の入居を提供の条件にするなどがこれに該当します。
- 介護事業者と利用者との契約書は、原則として民法上の請負契約に該当しませんので、収入印紙の貼りつけの必要はありません。

3 運営基準 （1）運営規程、重要事項説明書、契約書

指導事例 3　人員配置や定員超過についての虚偽の報告・答弁
平成 26 年 7 月　指定取消し（連座制でグループの全事業所に適用）

行政処分の理由

- 生活相談員の配置がないが、配置があるかのように装う利用月間実績表や通所介護業務日誌等を作成して監査時に報告した。また、配置があると虚偽の答弁を行った。
- 定員超過が常態化しているが、定員を遵守しているかのような業務日誌や介護経過表を日常的に作成し、監査時に報告した。また、定員を遵守していると虚偽の答弁を行った。

不正のポイント

▶書類の偽装と虚偽

　記録や書類をさかのぼって書き換えたり、作成することは偽装行為になります。偽装の発覚をおそれて嘘の答弁を繰り返すことを虚偽といいます。

　運営指導において最も悪質とみなされることは、人員欠如でも巨額の不正請求でもなく、**虚偽と偽装**です。この事例も、虚偽と偽装行為が指定取消しという厳しい行政処分に向かわせ、その行為が組織的であるという判断から、連座制が適用され、他の地域の事業所すべての指定が取消しになりました。

　行政は、単純なミスや誤りに対しては厳しく指導するものの、事業者に改善の余地があれば大きな問題にはなりません。しかし、組織的な隠蔽や不正には厳罰で臨む姿勢が、その事業者と同グループの他の事業所も同様に指定や更新を認めないという制度（連座制）に表れています。

組織的不正は連帯責任！
１事業所の偽装・隠蔽・虚偽がグループ全体の指定取消しにつながることも！

(2) 個人情報利用の同意書

〈チェック事項〉

1 個人情報利用の同意書の内容

- □ 利用者から個人情報利用の同意書を受領しているか
- □ 同意書の内容は、サービス担当者会議等での個人情報利用にとどめているか

2 同意の範囲

- □ 同意書には利用者の家族の同意欄があるか

1 個人情報利用の同意書の内容

- 許認可を受けている介護サービス事業所と職員には守秘義務がありますが、ケアマネジャーが招集するサービス担当者会議では関係者間で個人情報を共有する必要があります。個人情報利用の同意書とは、「サービス担当者会議と他サービス事業者間に限って、利用者の個人情報を共有してよい」という利用者の同意を得るためのものです。

> **注意！** 同意書にはサービス利用に関することだけ！
>
> 個人情報利用の同意書の中にはサービス担当者会議等での個人情報利用の同意だけでなく、ホームページや事業所通信での写真の利用等の同意項目が併記されているものがありますが、これは誤りです。他の項目の同意を得る場合は、別途同意書を作成するべきです。

2 同意の範囲

- サービス担当者会議では利用者本人の同意だけではなく、**同居家族の個人情報も共有する必要がある**ため、家族の代表者の同意も必要と指導される地域が増えています。事前に**同意書のひな形に利用者家族の同意欄を設けておきましょう**。ただし、独居等で家族の情報が不要な場合は、利用者家族の同意欄への記載の必要はありません。

> **注意！** 「代理人の同意」と「家族の同意」は別物！
>
> 代理人の同意欄を家族が記載するので利用者家族の同意欄は不要ではないかと質問されることがありますが、代理人はあくまでも利用者本人の代理ですので、家族の同意にはなりません。
>
> 代理人が同意する場合は、代理人がまず利用者本人の同意欄を代筆して、代理人の同意欄に代理人自身の記載をするのが正しい記載方法です。

> **ポイント** 自署捺印と記名押印の違い
>
> 　同意書は契約ではないため、自署捺印は必要ありません。署名か記名押印で十分です。
> 　署名とは、空欄にサインをもらうことです。記名押印は最初から名前などを印字しておき、印鑑をもらうことをいいます。

【書式例】

個人情報利用同意書

　私及びその家族の個人情報については、次に記載するとおり必要最小限の範囲内で利用することに同意します。

記

1　利用する目的
　　事業者が、介護保険制度に関する法令に基づき私に行う通所介護サービスを円滑に実施するため、担当者会議において、又は私が利用する他のサービス事業者等と情報の共有が必要な場合に利用する。

2　利用にあたっての条件
　①個人情報の提供は、1に記載する目的の範囲内で、必要最小限に留め、情報提供の際には関係者以外には決して漏れることのないよう細心の注意を払うこと。
　②事業者は、個人情報を利用した会議、相手方、内容等を記録しておくこと。

3　個人情報の内容（例示）
　・氏名、住所、健康状態、病歴、家庭状況等、事業者がサービスを提供するために最小限必要な利用者や家族個人に関する情報
　・その他の情報

令和○○年○○月○○日
○○　○○　事業所　○○　○○　様

　　　　　（利用者）　　　　住所　○○○○○
　　　　　　　　　　　　　　氏名　○○　○○
　　　　　　　　　　　　　※代筆の場合、代筆者の住所・氏名を併記すること。

　　　　　（代理人）　　　　住所　○○○○○
　　　　　　　　　　　　　　氏名　○○　○○

　　　　　（利用者家族代表）住所　○○○○○
　　　　　　　　　　　　　　氏名　○○　○○　（続柄：　　　）

> 家族の同意欄が必要

(3) 運営推進会議（地域密着型通所介護のみ）

〈チェック事項〉

1 運営推進会議の開催

□ 6ケ月に1回以上、運営推進会議を開催しているか

2 運営推進会議の参加者

□ 事業所の参加者に加えて、外部から4人以上参加しているか

3 議事録の作成・公表

□ 運営推進会議の議事録を作成しているか
□ 議事録には次の事項が記載されているか
　□ 活動内容の報告
　□ 活動内容に対する評価
　□ 参加者のアドバイス
□ 運営推進会議の議事録は適切な方法で公表しているか

1 運営推進会議の開催

- 運営推進会議とは、事業所が、定期的に利用者、市町村職員、地域住民の代表者等に参加してもらい、提供しているサービスの内容などを明らかにするもので、利用者の「抱え込み」を防止して地域に開かれたサービスとすることで、サービスの質の確保を図ることを目的としています。
- 地域密着型通所介護では、他の地域密着型サービスと同様に運営推進会議の開催が義務づけられています。運営推進会議を開催しない場合、運営基準違反で行政処分の対象となります。
- 運営推進会議は、**おおむね６ケ月に１回以上開催**します。なお、外部評価を受ける義務はありません。

> **ポイント　複数の事業所の合同開催**
>
> 　運営推進会議の複数の事業所の合同開催について、以下の要件を満たす場合に認められます。
> - 利用者及び利用者家族については匿名とするなど、個人情報・プライバシーを保護すること
> - 同一の日常生活圏域内に所在する事業所であること

2 運営推進会議の参加者

- 参加者としては、事業所の管理者などに加えて、外部から基本的に４人以上参加してもらう必要があります。外部参加者は次のa～dから各々１人以上の合計４人以上となっています。
    a　利用者、利用者の家族
    b　地域の代表者等（町内会役員、民生委員、老人クラブの代表者など）
    c　管轄地域の地域包括支援センター職員、在宅介護支援センター職員、行政職員のいずれか
    d　その他学校の先生、警察職員、店員、消防署職員、近隣住民など知見を有する者

> **ポイント 運営推進会議のテーマは自由！**
>
> 　会議の開催テーマは、サービスの運営に関することであれば何でもよいでしょう。一般的に考えられるテーマとしては次のようなものがあります。
> - 利用者の状況、行事の実施報告
> - 家族からの要望、意見
> - 地域行事への参加について　など

> **ポイント 運営推進会議の進め方**
>
> 　会議の進行は、一般的には次のような順番で行われます。
>
> 　開催テーマについての報告（事業所の運営状況など）
> 　↓
> 　報告内容について、参加者の評価を受ける
> 　↓
> 　参加者から要望やアドバイスを受ける

3 議事録の作成・公表

- 運営推進会議の内容は、**議事録に記録**しなければなりません。議事録には、「活動内容の報告」「活動内容に対する評価」「参加者のアドバイス」の3つを網羅しなければなりません。
- 事業所には**運営推進会議の議事録を公表する義務があります**が、公表の方法には次のようなものがあります。
    a　事業所の入口に貼って掲示する
    b　事業所通信などに記載して配布する
    c　事業所のホームページに掲載する
    d　役所のホームページに掲載を依頼する　など

3 運営基準 （3）運営推進会議（地域密着型通所介護のみ）

運営推進会議開催の流れとポイント

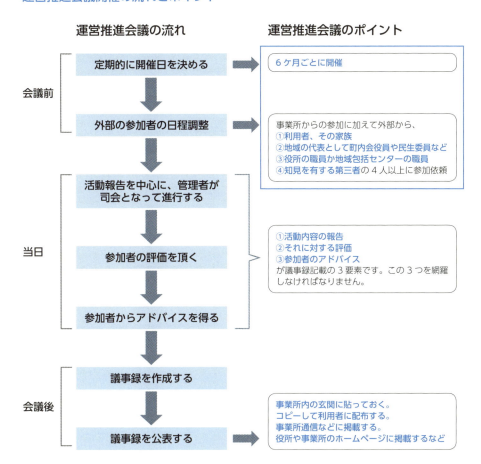

(4) その他の運営基準

　令和6年度の運営基準改正から、全介護サービス事業者を対象に、感染症や業務継続、高齢者虐待への対策が義務化されています。

〈チェック事項〉

1 感染症への対応

- □ 感染症への対策を検討する委員会を定期的に開催しているか
- □ 感染症の予防及びまん延の防止のための指針を整備しているか
- □ 感染症対策のための研修及び訓練を定期的に実施しているか

2 業務継続に向けた取組み

- □ 業務継続計画（BCP）を策定し、定期的な見直し等を行っているか
- □ 業務継続計画について周知し、研修及び訓練を定期的に実施しているか

3 高齢者の虐待防止

- □ 虐待防止のための対策を検討する委員会を定期的に開催しているか
- □ 事業所における虐待防止のための指針を整備しているか
- □ 虐待防止のための研修を定期的に実施しているか
- □ 上記を適切に実施するための担当者を置いているか

1 感染症への対応

- ●感染症への対策を検討する委員会の開催、指針の整備、研修の実施、訓練（シミュレーション）の実施が義務づけられました。小規模な事業所などは、他の事業者と連携して行うことも可能とされています。
  - ➡「解説　感染症の予防及びまん延の防止のための措置」42頁を参照

2 業務継続に向けた取組み

- 業務継続計画（BCP）等の策定、研修の実施、訓練（シミュレーション）の実施等が必要です。
- 研修と訓練は、定期的（年1回以上）に実施して記録しなければなりません。なお、感染症に対する業務継続計画研修は、1 の感染症対策の研修と一体的に実施することも可能です。訓練では感染症や災害が発生した場合に実践するケアの演習等を実施します。

> **ポイント** 業務継続計画（BCP）の研修と訓練
>
> 業務継続計画の研修と訓練のポイントは以下の通りです。
> - 業務継続計画研修の実施
>   研修方法：内部研修として実施。研修の実施状況を記録に残すことが重要。新規採用時に新規採用職員向けに別途研修することが望ましい。
>   研修内容：BCPの具体的内容を職員間で共有して、平常時の対応の必要性や緊急時の対応に係る理解を浸透させる内容とする。
>   実施回数：年1回以上実施
> - 業務継続計画訓練の実施
>   訓練内容：BCPに基づき、事業所内の役割分担の確認、非常時のケアの演習等について訓練を実施する。机上訓練（シミュレーション）と実地訓練を組み合わせながら実施することが望ましい。
>   実施回数：年1回以上実施

3 高齢者の虐待防止

- 虐待の発生・再発を防止するための委員会の開催、指針の整備、研修の実施、担当者を定めることが義務づけられています。研修には、全従業者が参加できるようにすることが望ましいとされています。
  ➡「解説　高齢者の虐待の発生等を防止する措置」40頁を参照

4 ハラスメント対策

- ☐ セクシュアルハラスメントやパワーハラスメントについて指針を作成し、職員に周知しているか
- ☐ ハラスメントについて相談体制を整備しているか

5 認知症に係る取組みの情報公表の推進

- ☐ 認知症関連の研修の受講状況等、認知症に係る事業者の取組み状況について、介護サービス情報公表制度において公表しているか

6 通所介護計画や重要事項説明書等の利用者等への説明・同意

- ☐ 説明・同意を得たことを確認した署名、押印、記録等があるか

7 身体的拘束等の適正化への対応

- ☐ 身体的拘束等を行ってはならないことを確認しているか
- ☐ やむを得ない場合については理由を記録しているか

4 ハラスメント対策

- 上司や同僚など事務所内だけではなく、利用者とその家族からのハラスメントを含めた対応が必要です。就業規則などに盛り込むとともに、相談窓口の設置や研修などにも取り組まなければなりません。

5 認知症に係る取組みの情報公表の推進

- 認知症関連の研修の受講状況等、認知症に係る事業者の取組み状況について、介護サービス情報公表制度において公表することが義務化されています。

6 通所介護計画や重要事項説明書等の利用者等への説明・同意

- 通所介護計画や重要事項説明書は、文書を交付し、署名・押印等による同意のほか、電子メールなど電磁的な対応が原則認められています。
- 利用者等の署名・押印についても、求めないことが可能であり、その代替手段として電子署名等が示されています。また、様式例から押印欄が削除され、基本的にサインだけで十分とされています。

> **注意！** 電磁的な方法による利用者等への説明・同意は必ず記録！
>
> 電子メール等により交付した場合、署名・押印を求めないケースが増えると思われますが、説明や同意を省略してもよいというわけではありません。この一連の経過の記録は必ず残してください。

7 身体的拘束等の適正化への対応

- 通所介護事業所においても、利用者又は他の利用者等の生命又は身体を保護するため緊急やむを得ない場合を除き身体的拘束等を行ってはなりません。やむを得ず身体的拘束等を行う場合には、その態様及び時間、その際の利用者の心身の状況ならびに緊急やむを得ない理由を記録しなければなりません。

解説　高齢者の虐待の発生等を防止する措置

　虐待防止の措置を講じていないと減算の対象にもなります。以下を参考に、必ず実施してください。

○委員会のメンバー構成
　管理者を含む幅広い職種で構成します。内部関係者のみの構成でもよいですが、外部から虐待防止の専門家等を登用できるのが望ましいです。なお、他の検討委員会と一体的に実施することも可能です。

○委員会の開催頻度
　おおむね6ケ月に1回以上をめやすに定期的に開催します。

○委員会の検討事項の例
- 虐待防止検討委員会その他事業所内の組織に関する事項
- 虐待防止のための指針の整備に関する事項
- 虐待等について、従業者が相談・報告できる体制整備に関する事項
- 従業者が虐待等を把握した際に、役所への通報が迅速かつ適切に行われるための方法に関する事項
- 虐待等が発生した場合、その発生原因等の分析から得られる再発防止策に関する事項
- 再発防止策を講じた際の効果についての評価に関する事項

○虐待防止のための指針に盛り込む主な内容
- 事業所における虐待防止に関する基本的な考え方について
- 虐待防止検討委員会その他事業所内の組織に関する事項について
- 虐待防止のための職員研修に関する基本方針について
- 虐待等が発生した場合の対応方法に関する基本方針について
- 虐待等が発生した場合の相談・報告体制に関する事項について
- 成年後見制度の利用支援に関する事項について
- 虐待等に対する当該指針の閲覧に関する事項について
- その他虐待防止の推進のために必要な事項について

○虐待防止のための研修の実施方法と内容

虐待等の防止に関して適切な知識を普及・啓発する基礎的内容と事業所の指針に基づいた研修プログラムを作成し、年1回以上実施してください。

基本的に内部研修として実施し、研修の実施内容を記録することが重要です。また、新規採用時には、新規採用職員向けに別途研修を実施してもよいでしょう。

○虐待防止措置の担当者

専任の担当者が必要です。虐待防止検討委員会の責任者と同一人物が望ましいとされています。

> **注意！** 虐待が発覚すると予告なしに監査！
>
> 運営指導は実施前に事前通告を行うこととされていますが、虐待が疑われる場合には、予告なしでの監査など、厳しい対応となります。

解説　感染症の予防及びまん延の防止のための措置

○委員会のメンバー構成
　感染対策の知識を有する者を含む幅広い職種で構成します。内部関係者のみの構成でもよいですが、外部から感染症予防の専門家等を登用できるのが望ましいです。なお、他の検討委員会と一体的に実施することも可能です。

○委員会の開催頻度
　おおむね６ケ月に１回以上をめやすに定期的に開催します。ただし、感染症の流行時期には随時開催してください。

○委員会の活動内容
　主に以下の内容を委員会で検討します。また、委員会の決定事項は全職員への周知徹底が図られるよう努め、議事録等を残してください。
- 感染症対策委員会その他感染症に関する事業所内の組織に関する事項
- 感染症の予防及びまん延防止のための指針の整備に関する事項
- 指針に基づく感染症の予防及びまん延防止の平常時の対応、発生時の対応に関する事項

○指針に盛り込む主な内容
- 平常時の事業所内の衛生管理
- ケアに係る感染対策（手洗い、標準的な予防策等）
- 感染症発生時の状況把握
- 感染症拡大の防止策
- 医療機関、保健所、市町村等の関係機関との連携
- 事業所内の連絡体制

○研修の実施方法と内容

　事業所の指針に基づいた衛生管理の徹底や衛生的なケアの方法などを盛り込み、感染対策の基礎的内容の適切な知識を普及啓発する内容のものを年1回以上実施してください。厚生労働省の「介護現場における感染対策の手引き」等も活用してください。

　基本的に内部研修として実施し、研修の実施内容を記録することが重要です。また、新規採用時には、新規採用職員向けに別途研修を実施してもよいでしょう。

○訓練の実施方法と内容

　事業所における指針や研修内容に基づき、事業所内の役割分担の確認や感染対策をした状態でのケアの演習等を年1回以上実施してください。机上訓練と実地訓練を組み合わせながら実施することが望ましいです。厚生労働省の「新型コロナウイルス感染症感染者発生シミュレーション～机上訓練シナリオ～」も参考としてください。感染症に対する業務継続計画（BCP）研修と一体的に開催することも可能です。

〈チェック事項〉

8 従業者によるサービスの提供

☐ 事業所と雇用関係にある職員が通所介護サービスを提供しているか

9 勤務実績表の作成

☐ 月ごとに勤務実績表を作成しているか

10 研修の機会の確保

☐ 職員研修の年間スケジュールを決めているか

運営基準は、**都道府県や市町村等の条例**を確認しよう！

8 従業者によるサービスの提供

- 通所介護サービスは、事業所と雇用関係のある職員によって提供されなければなりませんので、**ボランティアやその日だけの手伝いなどの者が行うことはできません。**
- ただし、洗濯や調理などの直接のサービス提供以外の業務は、職員でなくとも可能です。

9 勤務実績表の作成

- 勤務予定表だけではなく、毎月1ケ月の業務が終了した時点で、月末までの勤務実績表を作成して、**タイムカードや出勤簿と突き合わせを行います。**

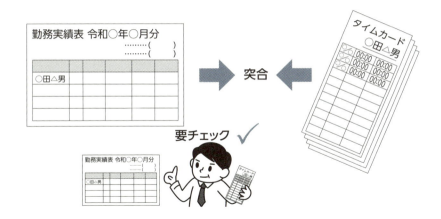

- 勤務実績表には、次の内容を明確に記載します。
    a 勤務時間
    b 常勤・非常勤の別
    c 職種
    d 兼務の有無

10 研修の機会の確保

- 管理者は、年間の研修スケジュールを作成し、職員の資質向上のために研修の機会を確保しなければなりません。

11 サービス提供拒否の禁止

- [ ] 正当な理由なく利用を断っていないか

12 非常災害対策

- [ ] 非常災害に関する具体的計画を策定しているか
- [ ] 防災マニュアルに基づいて、避難訓練を行っているか
- [ ] 地域住民と連携しているか

11 サービス提供拒否の禁止

- 次のように「**正当な理由**」がない限り、利用を断ることはできません。
    a　現在の職員数では新たな利用者に対応できない場合（定員がいっぱいの場合）
    b　利用申込者の住まいが運営規程上の事業の実施地域外である場合
    c　その他利用申込者に事業所が適切なサービスを提供できない場合
- サービスの利用を断る場合でも、他の事業者を紹介するなどの対応をする必要があります。

12 非常災害対策

- 「非常災害に関する具体的計画」とは、消防法に規定する消防計画及び風水害、地震等の災害に対処するための計画をいいます。
- 防災マニュアルに沿って非常災害計画を作り、従業者に定期的に研修を実施して、避難訓練、救出訓練その他必要な訓練を行います。
- できる限り地域住民に参加してもらうようにします。消防関係者に参加してもらい具体的な指示を仰ぐなど、訓練を実効性のあるものとすることが重要です。

(5) ケアマネジメントプロセス

　ケアマネジメントプロセスは、介護サービスの業務の流れの基本中の基本です。
　運営指導では、次のプロセスの順番に確認されますので、この流れに沿って、書類や記録を整理整頓しておきましょう！

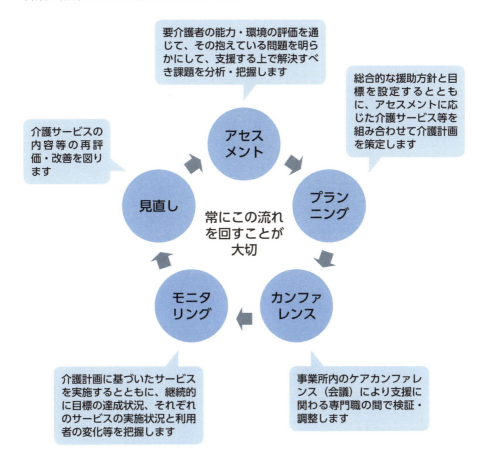

〈チェック事項〉

1 アセスメント

☐ 利用者ごとにアセスメントシートを作成しているか
☐ アセスメントの内容を個別サービス計画の目標に反映しているか
☐ 「アセスメントシート」と「個別サービス計画」の枚数が同じか

アセスメントシート	個別サービス計画	
	3. 見直し	
	2. 見直し	**悪い例**
1. 初回	1. 初回作成	個別サービス計画が3回見直されているのにアセスメントは1回しか行われていない。

アセスメントシート	個別サービス計画	
3. 作成	3. 見直し	**正しい例**
2. 作成	2. 見直し	個別サービス計画が3回見直され、アセスメントも3回行われている。
1. 初回	1. 初回作成	

アセスメントに基づいて計画を作ると枚数が同じになる！

1 アセスメント

- アセスメントは、情報収集→課題分析→利用者・家族の希望を聞くという手順で行います。
- アセスメントの内容は、個別サービス計画の目標に反映させなければなりません。**アセスメントの内容と個別サービス計画の目標の整合性がとれていること**が大切です。

> **注意！** 個別サービス計画の目標にケアプランの丸写しはNG
>
> ケアプランの目標をそのまま写したような目標が個別サービス計画に記載されているのは問題です。ケアプランと個別サービス計画の目標が同じではいけません。
>
> 運営指導で指導されるかどうかは、介護事業者が個別サービス計画の目標にアセスメントを反映しなければいけないことを知っているか否かがポイントです。その点をふまえた上で、結果的にケアプランと個別サービス計画が同じ目標になった場合は問題ありませんが、そのことを知らず、単にケアプランの丸写しの場合は指導の対象となります。
>
>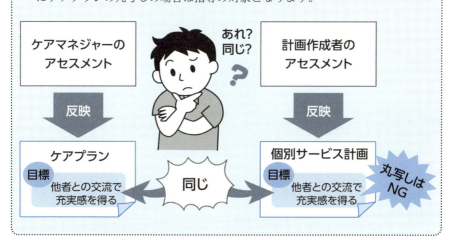

- 個別サービスの計画を見直す際には、計画作成時と同様にアセスメントを行う必要があります。アセスメントに基づいて計画を作成すると、アセスメントシートと個別サービス計画は同じ枚数になるはずです。

〈チェック事項〉

> **2 プランニング**
>
> ☐ 個別サービス計画の同意のサイン、印鑑の漏れはないか
> ☐ 介護報酬の請求と加算算定は同意の日から開始しているか

2 プランニング

- 個別サービス計画は作成時点では原案に過ぎず、利用者に説明して、同意を得た時点で本プランとなります。
- 本プランとなった計画は、同意のサインか印鑑が必要です。計画の説明と利用者の同意はとても重要なプロセスです。**サービス提供も加算算定も開始できるのは、同意の日から**と決まっています。

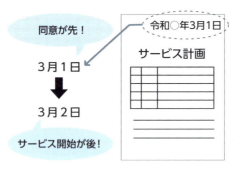

> **ポイント ケアマネジャーからケアプランがもらえない場合**
>
> 　個別サービス計画のプランニングの段階でケアプランが到着していない場合は、サービス担当者会議の内容や独自のアセスメント結果をふまえて個別サービス計画を作成して、利用者に説明し、同意を得た上でサービスをスタートします。
> 　後日、ケアプランが到着した時点で個別サービス計画と突合し、内容に整合性がとれている場合は、そのまま進行します。整合性がとれない場合は、その時点で個別サービス計画を再作成し、改めて利用者に説明して同意を得る必要があります。

〈チェック事項〉

3 モニタリング

- ☐ 目標の期間ごとにモニタリングを行っているか
- ☐ モニタリングには目標の達成状況の評価を含めているか
- ☐ 目標が達成された場合、新しい個別サービス計画を作成しているか
- ☐ モニタリングシートを作成しているか
- ☐ モニタリングシートに利用者又は家族のサインか印鑑はあるか

3 モニタリング

- ●モニタリングの重要な役割に、個別サービス計画の達成状況の評価があります。**その評価は、短期目標の期間ごとに行う**ことが基本です。
- ●目標の達成状況によって計画の見直しや、新たな計画作成等を行います。
- ●モニタリングシートは利用者又は家族に説明し、説明の終了後に、確認の意味でサインか印鑑をもらいます。

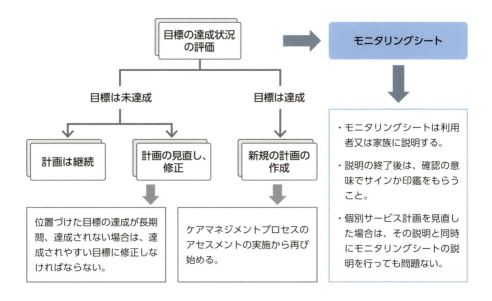

(6) 会計の区分

〈チェック事項〉

1 会計の区分

☐ 複数の拠点がある場合は、拠点ごとに会計を区分しているか
☐ 複数の部門（事業）がある場合は、事業ごとに会計を区分しているか

1 会計の区分

- 「会計の区分」とは、事業所ごと、事業ごとに会計を分けるというルールのことで、運営基準に定められています。
- **複数の拠点**※**を運営している場合は、その拠点ごとに**会計を分けなければいけません。これを「本支店会計」といいます。

  ※通所介護であれば、同じ事業者でも別々の場所に複数の事業所を持ち、それぞれ通所介護サービスを行っている場合は、各事業所が拠点となります。

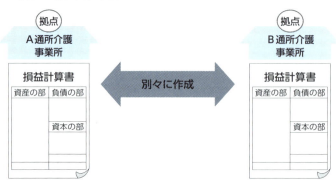

- 複数の拠点で営業している場合は、拠点ごとに、それぞれで実施している介護事業や自費サービス、他の事業ごとに、収入・経費・利益を分けて損益計算書を作ります。

3 運営基準 (6) 会計の区分

- ひとつの拠点で訪問介護と居宅介護支援事業所、障害福祉サービス、自費サービス、一般事業等の**複数の部門を営んでいる場合は、それぞれの部門ごとに**分けて会計を行います。これを「部門別会計」といいます。
- 「会計を分ける」とは、少なくとも損益計算書をそれぞれ別に作成するということです。収入だけでなく、給与や電気代、ガソリン代など**すべての経費を拠点ごと、部門ごとに分けなければなりません**。一般的には、経費を使った部署が明らかな場合は、会計伝票を分けて起票します。

ポイント 電気代などは月末決算時に按分

日常の経理では、同じ建物内の電気代や水道代など明確に分けることができない経費を共通経費としてまとめておいて、月末や決算時に「按分比率」というものを使って各サービスの部門に割り振ります。これを共通経費按分といいます。「按分比率」の基準としては、厚生労働省から、「延利用者数割合」などの例示が出ています[※]。

しかし、それほど厳密に考える必要はなく、運営指導で担当者に説明できる合理的な基準を用いて割り振っていれば問題はありません。介護施設や社会福祉法人の会計基準にも同様の会計の区分の規定があります。

これを怠り、運営指導で指摘された場合、通常は3年前にさかのぼって会計の区分に沿った決算書の再作成と提出が求められます。

※平成13年3月28日老振発第18号「介護保険の給付対象事業における会計の区分について」

注意！ 会計事務所に任せているから大丈夫？

会計事務所が通常行っているのは税務会計といって、税金の計算のための会計です。それと介護保険制度上の「会計の区分」は別物であり、この基準があることを多くの会計事務所はまだ知りません。

「会計の区分」を知っているかどうかは、契約している会計事務所の介護事業に関する知識のレベルを測る物差しにもなります。会計事務所が介護保険制度に対応した会計ができるかどうか、見極めることも大切です。任せっきりはいけません。

(7) 介護サービス事業者経営情報の公表義務

〈チェック事項〉

1 情報公表制度への経営情報の掲載

- ☐ 経営情報公表の対象事業所であるか
- ☐ 公表する事項はすべてそろっているか
- ☐ 会計年度終了後3ケ月以内に提出しているか

1 情報公表制度への経営情報の掲載

- 令和6年度改正により、介護サービス事業者経営情報を、所轄する都道府県知事に報告することが義務化されました（介護保険法第115条の44の2第2項）。提出をしない又は虚偽の報告を行った場合は、期間を定めて報告もしくは内容を是正することを命ずることができるとされ（同第6項）、その命令に従わない時は、指定取消しや業務停止の処分ができるとされています（同第8項）。
- 財務諸表等の経営情報を定期的に都道府県知事に届け出るための提出方法として、情報提供のための全国的な電子開示システムとデータベースが整備され、情報公表システムへの提出となります。提出期限は毎会計年度終了後3ケ月以内です（令和6年度は年度末までに提出）。
- 小規模事業者等に配慮する観点から、運営するすべての施設、事業所が、以下のいずれかに該当する場合には提出の対象外とされています。
    a 当該会計年度に提供を行った介護サービスに係る費用の支給の対象となるサービスの対価として支払を受けた金額が百万円以下であるもの
    b 災害その他都道府県知事に対し報告を行うことができないことにつき正当な理由があるもの
- 介護サービス事業者から都道府県知事に対して報告が義務づけられている介護サービス事業者経営情報は次の事項となります。ただし、介護サービス事業者の有する事業所又は施設の一部が上記のa・bの基準に該当する場合には、

その事業所又は施設に係る事項は含まないものとします。
① 事業所又は施設の名称、所在地その他の基本情報
② 事業所又は施設の収益及び費用の内容
③ 事業所又は施設の職員の職種別人員数その他の人員に関する事項
④ その他必要な事項

●提出される経営情報は、施設、事業所単位で集計する必要があり、その会計基準は「会計の区分」で処理されたものとなります。公表が必要な財務諸表は、貸借対照表、損益計算書、キャッシュフロー計算書です。原則として、介護サービス事業所又は施設単位での提出となります。ただし、拠点や法人単位で一体会計をしていて、事業所又は施設単位での区分けが困難な事業者は、拠点単位や法人単位での提出が可能です。その場合は、公表対象が明確になるように、会計に含まれている事業所又は施設を明記することが必要です。

> **ポイント 1人当たり賃金の公表は任意です**
>
> 介護サービス情報公表制度には1人当たり賃金の項目もありますが、任意の情報とされています。原則として、介護サービス事業所又は施設単位での提出となります。ただし、事業者の希望によって法人単位での公表も可能ですが、その場合は含まれている事業所又は施設を明記することが必要です。

第 2 章

介護報酬の算定要件

―報酬返還にならないために―

通所介護の介護報酬は、事業所の規模と利用者の要介護度、サービスの提供時間によって基本となる通所介護費が決まっていますが、提供したサービスの内容や事業所の体制等によっては「加算」や「減算」があります。

　通所介護費や加算を算定するには「算定要件」を満たす必要があります。本章では、「通所介護費」「減算」「加算」それぞれの算定要件を解説しています。

　算定要件は少なくとも一度はしっかりと確認して、これを満たした人員体制やサービスを維持できるように毎月チェックしましょう。

●**通所介護費** → 本章「1　通所介護費」（59頁～）を参照

　通所介護の提供に対して支払われる介護報酬の基本となる部分です。

●**減算** → 本章「2　減算」（74頁～）を参照

　人員不足や定員超過など、基準を満たしていない場合に介護報酬が減額される仕組みを「減算」といいます。通所介護においては、次の減算があります。

① 定員超過利用減算（74頁）
② 人員基準欠如減算（76頁）
③ 事業所と同一建物内の利用者へのサービス提供（80頁）
④ 送迎未実施減算（82頁）
⑤ 高齢者虐待防止措置未実施減算（86頁）
⑥ 業務継続計画未策定減算（88頁）

●**加算** → 本章「3　加算」（90頁～）を参照

　手厚いサービスや体制等を評価するために、通所介護には次の「加算」があり、一定の条件を満たしていると単位数が上乗せされます。

① 感染症等への対応加算（基本報酬への3％加算）（90頁）
② 延長加算（92頁）
③ 中山間地域等に居住する者へのサービス提供加算（96頁）
④ 入浴介助加算（98頁）
⑤ 中重度者ケア体制加算（104頁）
⑥ 生活機能向上連携加算（110頁）
⑦ 個別機能訓練加算（118頁）
⑧ ADL維持等加算（128頁）
⑨ 認知症加算（132頁）
⑩ 若年性認知症利用者受入加算（136頁）
⑪ 栄養アセスメント加算（138頁）
⑫ 栄養改善加算（142頁）
⑬ 口腔・栄養スクリーニング加算（146頁）
⑭ 口腔機能向上加算（150頁）
⑮ 科学的介護推進体制加算（156頁）
⑯ サービス提供体制強化加算（158頁）
⑰ 介護職員等処遇改善加算（162頁）

1 通所介護費

(1) 通所介護費

　通所介護費は、事業所の規模と利用者の要介護区分、サービスの提供時間に応じて単位数が異なります。時間区分は共通で、3時間以上4時間未満から8時間以上9時間未満の1時間単位となります。

通所介護費（1回につき）の単位数

	3時間以上 4時間未満	4時間以上 5時間未満	5時間以上 6時間未満	6時間以上 7時間未満	7時間以上 8時間未満	8時間以上 9時間未満
\multicolumn{7}{通常規模型通所介護費}
要介護1	370	388	570	584	658	669
要介護2	423	444	673	689	777	791
要介護3	479	502	777	796	900	915
要介護4	533	560	880	901	1023	1041
要介護5	588	617	984	1008	1148	1168
\multicolumn{7}{大規模型通所介護費（Ⅰ）}
要介護1	358	376	544	564	629	647
要介護2	409	430	643	667	744	765
要介護3	462	486	743	770	861	885
要介護4	513	541	840	871	980	1007
要介護5	568	597	940	974	1097	1127
\multicolumn{7}{大規模型通所介護費（Ⅱ）}
要介護1	345	362	525	543	607	623
要介護2	395	414	620	641	716	737
要介護3	446	468	715	740	830	852
要介護4	495	521	812	839	946	970
要介護5	549	575	907	939	1059	1086

※2時間以上3時間未満の通所介護を行う場合は、次の通りに算定する。
　4時間以上5時間未満×70/100

〈チェック事項　事業所規模の判定〉

○事業所規模の区分

前年度1月当たりの平均利用延人員数により3つに区分されます。

- 通常規模型通所介護費（前年度1月当たりの平均利用延人員数が750人以内）
- 大規模型通所介護費（Ⅰ）（前年度1月当たりの平均利用延人員数が751人以上900人以内）
- 大規模型通所介護費（Ⅱ）（前年度1月当たりの平均利用延人員数が900人超）

1 平均利用延人員数に含める利用者

☐「平均利用延人員数」に、次の利用者を含めているか
- a　介護保険給付の対象となる通所介護の利用者
- b　支給限度額を超えたため全額自己負担でサービスを受けた利用者
- c　通所介護と一体的にサービスを提供する場合の次の利用者
  - ・第1号通所介護の利用者
  - ・要介護者・要支援者以外の利用者
  - （2「平均利用延人員数に含めない利用者」を除く）

2 平均利用延人員数に含めない利用者

☐「平均利用延人員数」から、次の利用者を除いているか
- a　分離して実施されている第1号通所介護の利用者
- b　通所介護と一体的にサービスを提供する場合の特定高齢者
- c　障害者総合支援法に基づく基準該当サービスの利用者
- d　特定施設入居者生活介護の外部サービス利用者
- e　暫定ケアプランでサービス提供を受けている利用者
- f　通所介護と一体的にサービスを提供しない各種事業の利用者
  （例：通所介護の提供時間帯に同じ場所で行う第1号通所介護の利用者など）

○事業所規模の区分

- 事業所規模区分の判定については、**前年4月から当年2月の11ケ月の1月当たりの平均利用延人員数を計算**して判定します。
  ⇒「解説　前年度の1月当たりの平均利用延人員数の計算」62頁を参照
- 感染症や災害等により利用者が減少した場合は、実績に応じた事業規模区分を適用することができます。
  ⇒「解説　感染症等により利用者が減少した場合」64頁を参照
- 同一事業所で2単位以上の通所介護を提供している場合は、**すべての単位の利用者を合算して計算します。**

> **注意！** ▶前年度の実績が少ない場合／前年度と定員が変わった場合
>
> - 次の事業者については、便宜上、その年度の平均利用延人員数を、利用定員の90％×1月当たりの営業日数で計算します。
>   a　前年度の実績が6ケ月に満たない事業者
>   （新規事業開始又は事業を再開した事業者を含む）
>   b　前年度から利用定員をおおむね25％以上変更する事業者

> **注意！** ▶事業所規模区分が変わったら3月15日までに届出を！
>
> 　平均利用延人員数の計算による事業所規模区分の判定結果が現行と異なった場合は、3月15日までに都道府県に「介護給付費算定に係る体制等に関する変更の届出」を提出します（変更がない場合は届出不要）。
>
> 　判定の計算を当年3月までではなく、2月までの11ケ月で行う理由は、届出の期限が3月15日であるため、3月分が確定していないことが理由です。3月の届出によって、4月から1年間は、各月において平均利用延人員数が異なっていても、同じ事業所規模区分での介護報酬の請求となります。

解説　前年度の1月当たりの平均利用延人員数の計算

「前年度の1月当たりの平均利用延人員数」は、毎年度の3月31日時点において、**前年の4月から当年2月の11ケ月**における1月当たりの平均利用延人員数を計算します。

「平均利用延人員数」は「7時間以上8時間未満」「8時間以上9時間未満」の利用者数を100として、時間区分に応じて、利用者数に所定の割合を掛けた数字を集計します。

◎平均利用延人員数の計算フローチャート

①「利用者の時間区分ごとの合計人数」の集計
前年4月から当年2月までの11ケ月間の利用者の時間区分ごとの合計人数を集計
※2単位以上の通所介護を提供している場合、すべての単位を合算
※一体的に提供している自費利用者も利用延人員数に含める

②毎日事業を実施した月がある場合
毎日事業を実施した月の利用延人員数は、利用延人員数×6／7で計算

③時間区分に応じた掛率　時間区分に応じて、50%～100%の掛率を乗じる

2時間以上3時間未満	3時間以上4時間未満 4時間以上5時間未満	5時間以上6時間未満 6時間以上7時間未満	7時間以上8時間未満 8時間以上9時間未満
×50%	×50%	×75%	×100%

＋

④一体的に提供している第1号通所介護の利用者人数の場合の掛率

5時間未満	5時間以上6時間未満	6時間以上7時間未満	7時間以上
×50%	×75%	×75%	×100%

⑤時間区分ごとの利用者人数を集計して、全体を合算した人数を求める

⑥集計結果に基づいて、4月以降1年間の介護報酬の算定区分を判定する

750人以下	751人～900人以下	900人超
通常規模型通所介護費	大規模型通所介護費（Ⅰ）	大規模型通所介護費（Ⅱ）

前年との算定区分に変更がある場合は、3月15日までに「介護給付費算定に係る体制等に関する変更の届出」を提出

①「利用者の時間区分ごとの合計人数」の集計
- 前年の4月から当年2月の11ケ月の利用者の時間区分ごとの合計人数を集計します。
- 利用者数の集計には、同一事業所で2単位以上の通所介護を提供している場合、すべての単位を合算して行います。

②毎月事業を実施した月がある場合
- 1ケ月間（暦月）、正月等の特別な期間を除いて、毎日事業を実施した月の利用延人員数は、毎日実施した月にのみ利用延人員数に6／7を掛けた数で計算します（小数点第3位は四捨五入）。

③時間区分に応じた掛率
- 時間区分に応じて、利用者数に所定の割合を掛けた数字を「平均利用延人員数」として集計します。
- 時間区分ごとの所定の割合は、次の通りです。
  2時間以上3時間未満 ➡ 利用者数×50％
  3時間以上4時間未満 ➡ 利用者数×50％
  4時間以上5時間未満 ➡ 利用者数×50％
  5時間以上6時間未満 ➡ 利用者数×75％
  6時間以上7時間未満 ➡ 利用者数×75％
  7時間以上8時間未満 ➡ 利用者数×100％
  8時間以上9時間未満 ➡ 利用者数×100％

④一体的に提供している第1号通所介護の利用者人数の場合の掛率
- 一体的に提供している第1号通所介護の平均利用延人員数を加えます。
- サービスの利用時間によって、所定の割合を掛けた人数で計算します。
  5時間未満 ➡ 利用者数×50％
  5時間以上6時間未満、6時間以上7時間未満 ➡ 利用者数×75％
  7時間以上 ➡ 利用者数×100％
- 一体的に提供している第1号通所介護の利用者については、同時にサービスの提供を受けた者の最大数を営業日ごとに加えていく方法で計算しても差し支えありません。

⑤時間区分ごとの利用者人数を集計して、全体を合算した人数を求める
- ③と④の時間区分ごとの利用者人数を集計して、全体を合算した人数を求めます。

⑥集計結果に基づいて、4月以降1年間の介護報酬の算定区分を判定する
- 集計した利用者人数で介護報酬の算定区分を判定します。

第 2 章　介護報酬の算定要件

解説　感染症等により利用者が減少した場合

　感染症や災害の影響により一定の基準以上に利用者数が減少した場合、サービス・事業所規模区分に応じて、次の（1）・（2）のいずれかで算定できます。

（1）感染症等への対応加算（基本報酬への3％加算）

　利用者数が減少した月の利用延人員数が、前年度の1月当たりの平均利用延人員数から5％以上減少している場合に、基本報酬に3％相当の単位数を加算して算定できます（届出の翌月から最大3ケ月間）。

　○対象サービス：通所介護（通常規模型・大規模型Ⅰ・大規模型Ⅱ）
　　　　　　　　　地域密着型通所介護（療養通所介護を除く）

（2）事業所規模区分の特例（より小さい事業所規模別の報酬区分の適用）

　利用者数が減少した月の利用延人員数が、より小さい事業所規模別の報酬区分の利用延人員数と同等となった場合に、より小さい事業所規模別の報酬区分で算定できます。

　○対象サービス：通所介護（大規模型Ⅰ・大規模型Ⅱ）

サービス		（1）感染症等への対応加算	（2）事業所規模区分の特例
通所介護	通常規模型	○	×
	大規模型Ⅰ	○	○ ※
	大規模型Ⅱ	○	○
地域密着型通所介護	地域密着型通所介護	○	×
	療養通所介護	×	×

※「（1）感染症等への対応加算」と「（2）事業所規模区分の特例」のいずれの要件も満たしている場合は、「（2）事業所規模区分の特例」が適用となる。

(1) 感染症等への対応加算（基本報酬への3％加算）

➡「(1) 感染症等への対応加算（基本報酬への3％加算）」90頁を参照

(2) 事業所規模区分の特例（より小さい事業所規模別の報酬区分の適用）

　利用者数が減少した月の利用延人員数が、より小さい事業所規模別の報酬区分の利用延人員数と同等となった場合に、より小さい事業所規模別の報酬区分を適用できます。

　例えば、通所介護の大規模型Ⅱを算定する事業所であれば、利用延人員数が900人以下となった場合は大規模型Ⅰの報酬区分を、利用延人員数が750人以下となった場合は通常規模型の報酬区分で算定することができます。

- 通所介護（大規模型Ⅰ・大規模型Ⅱ）で、「(1) 感染症等への対応加算」と「(2) 事業所規模区分の特例」のいずれの要件も満たす場合は、「(2) 事業所規模区分の特例」が適用となります。
- 特例の適用期間内に、次のいずれにも該当する状態となった場合には、その月の翌月で特例の適用は終了となります。
  ・月の利用延人員数が、より小さい事業所規模区分の利用延人員数を超えた
  ・特例適用前の事業所規模区分の利用延人員数まで戻った
- 特例の適用を受けるには、利用者数が減少した月の翌月15日までに届出を行い、翌々月から適用となります。

〈チェック事項　サービス時間の算定〉
サービスの時間区分
通所介護費における時間区分は共通で次の6つに区分されます。
- 所要時間3時間以上4時間未満の場合
- 所要時間4時間以上5時間未満の場合
- 所要時間5時間以上6時間未満の場合
- 所要時間6時間以上7時間未満の場合
- 所要時間7時間以上8時間未満の場合
- 所要時間8時間以上9時間未満の場合

1 算定する時間

☐ 実際にサービスを提供した際にかかった時間ではなく、通所介護計画に明示された時間で算定しているか
☐ 次の時間をサービス算定時間に含めていないか
   a　送迎時間
   b　理美容サービスや医療機関での受診の時間
   c　送迎の待ち時間などサービスを提供していない時間

2 時間短縮、キャンセルの取扱い

☐ 次の場合は、実際のサービス提供時間で算定しているか
   a　送迎の遅れでサービス提供時間が短縮した場合
   b　利用者の心身の状況でサービス提供時間を大幅に短縮した場合
   c　利用者の都合でサービス提供時間を短縮した場合
☐ 次の場合に、算定をしていないか
   a　利用がキャンセルになった場合
   b　短時間でサービス提供を中止した場合

3 2時間以上3時間未満の通所介護を行う場合

☐ 「4時間以上5時間未満」の所定単位の70％で算定しているか
☐ やむを得ない事情で長時間サービスができない利用者に限っているか

1 通所介護費 (1) 通所介護費

1 算定する時間

- 実際にかかった時間ではなく、通所介護計画上に位置づけられた内容のサービスを提供するのに必要な標準的な時間で、所定単位数を算定します。
- 送迎の時間はサービス提供時間に含めることができません。
- サービスの提供時間中に理美容サービスや医療機関で診察を受けた場合、これらにかかった時間はサービス提供時間に含めることができません。
- 家族の出迎え待ちで利用者が通常の時間を超えて事業所にいる場合などは、サービスが提供されているとは認められません。当初の計画に位置づけられた所要時間で算定します。

サービス提供時間内の
理美容

出迎えの待ち時間

> **注意！** サービス提供時間のローカルルールを確認
>
> サービス提供時間の設定は、地域によって取扱いが異なります。例えば7時間以上の算定には、数十分の余裕を含めた時間で計画するように指導されるケースが多いので、必ず**ローカルルールの有無を保険者に確認する**ことが必要です。

2 時間短縮、キャンセルの取扱い

- 送迎の遅れや利用者の希望で**サービス提供時間が短縮された場合は、通所介護計画を変更して実際のサービス提供時間で算定します。**ただし、利用者が急に

体調を崩したり、豪雪地帯での降雪など急な天候悪化により通常より送迎に時間がかかったり、**やむを得ない理由でサービス提供時間が計画上の所要時間よりも短くなった場合**には、計画上の単位数を算定してもよいとされています。

- 計画上の所要時間よりも大きく短縮した場合、例えば、通所介護計画上は7時間以上8時間未満の通所介護が位置づけられていたが、当日の利用者の体調不良により6時間に短縮した場合は、当初の計画を変更して、変更後の所要時間で算定します。
- 7時間以上のサービス提供を、当日の利用者の体調不良により1〜2時間で中止したなど、通所介護計画上の時間より**大幅に短縮した場合は、当日キャンセルとして処理して**通所介護費を算定しません。

利用者の心身の状況などによる大幅なサービス時間の短縮

当初の通所介護計画を変更して再作成して、変更後の所要時間に応じた所定単位数を算定

利用者の希望などによって提供時間を短縮

通所介護計画に位置づけられていた時間よりも大きく短縮している場合は、当日のキャンセルとして処理して通所介護費を算定しない

---

3 2時間以上3時間未満の通所介護を行う場合

- 所要時間2時間以上3時間未満の通所介護を行う場合は、所要時間4時間以上5時間未満の場合の単位数の70％で算定します。
- 2時間以上3時間未満の単位数を算定できる利用者は、**利用者側のやむを得ない事情で長時間のサービスを利用することが困難な人**（心身の状況から長時間のサービス利用が困難な人、病後等で短時間の利用から始める人など）に限られます。

1 通所介護費 （1）通所介護費

サービス提供時間を短縮せずに通所介護費を請求
平成26年11月　指定効力の停止

行政処分の理由

　計画に位置づけられた時間より早く帰宅した利用者や遅れて来所した利用者について、所要時間の区分の変更を行わず、実際のサービス提供時間より長い時間区分の介護報酬を請求した。

不正のポイント

▶サービス提供時間は短縮したが、当初計画通りの時間で請求した

　利用者が計画に位置づけられた時間より早く帰宅した場合は、計画に位置づけられた時間での請求はできません。当初の計画された時間で請求できるケースとして、「当日の利用者の心身の状況から、実際の通所サービスの提供が通所サービス計画上の所要時間よりもやむを得ず短くなった場合」があげられていますが※、これは利用者の体調不良による時間短縮の場合は当初の計画された時間で算定できるという要件に過ぎません。

　通常は、**当初計画よりもサービス提供時間が大きく短縮した場合**は、計画を変更して再作成し、**変更後の所要時間に応じた単位数を請求しなければいけません**。厚生労働省のQ＆Aでは、当初計画が7時間以上8時間未満のケースについて次の対応が示されています。

① 利用者が定期検診などで当日に医療機関の受診を希望したために6時間程度のサービスを行った場合：当初の通所サービス計画を変更・再作成し、6時間程度の所要時間に応じた単位数を算定

② 利用者の当日の希望で3時間程度の入浴のみのサービスを行った場合：当初の通所サービス計画を変更・再作成し、3時間程度の所要時間に応じた単位数を算定

③ 当日サービス提供中に利用者が体調を崩したためにやむを得ず2時間程度で中止した場合：当初の通所介護計画を変更・再作成し、2時間程度の所要時間に応じた単位数を算定

④ 当日サービス提供中に利用者が体調を崩したためにやむを得ず1時間程度で中止した場合：対応する所要時間区分がないため通所介護費は算定不可

※令和3年3月26日「令和3年度介護報酬改定に関するQ＆A（Vol.3）」問26

(2) 地域密着型通所介護費、療養通所介護費

　小規模（定員18人以下）の通所介護事業所は、「地域密着型通所介護」として地域密着型サービスに位置づけられており、医療的ケアや看護師の観察が必要な利用者を対象とした「療養通所介護」もこれに含まれます。それぞれの基本報酬として、地域密着型通所介護費と療養通所介護費が設定されています。

　地域密着型通所介護費は、サービスの提供時間と利用者の要介護区分に応じて単位数が異なります。療養通所介護費は一律の包括報酬です。

1 地域密着型通所介護費

地域密着型通所介護費（1回につき）の単位数

	3時間以上 4時間未満	4時間以上 5時間未満	5時間以上 6時間未満	6時間以上 7時間未満	7時間以上 8時間未満	8時間以上 9時間未満
要介護1	416	436	657	678	753	783
要介護2	478	501	776	801	890	925
要介護3	540	566	896	925	1032	1072
要介護4	600	629	1013	1049	1172	1220
要介護5	663	695	1134	1172	1312	1365

※2時間以上3時間未満の通所介護を行う場合は、次の通りに算定する。
4時間以上5時間未満 × 70/100

1 地域密着型通所介護費

● 地域密着型通所介護は、届出定員（運営規程上の利用定員）が18人以下の通所介護のことをいいます。

　例えば、午前3時間、午後3時間の2単位制で各単位の定員数が10人の場合、2つの単位の間で重複する時間帯がないので、定員は10人となって地域密着型通所介護となります。

　1単位目が9時～12時、2単位目が10時～16時の各単位の定員数が10人の場合、10時～12時の時間帯が重複するため、10人＋10人で定員は20人となり、通所介護となります。

1 通所介護費 (2) 地域密着型通所介護費、療養通所介護費

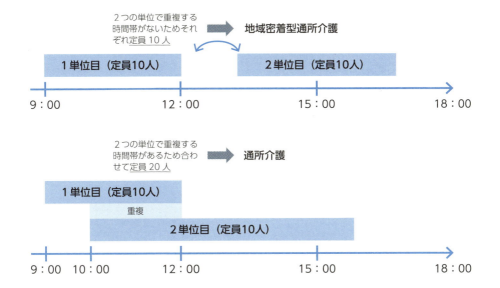

● 通所介護の通常型通所介護費と地域密着型通所介護費を比べた場合、地域密着型の方が、各基本報酬区分において 12％増額されています。これは事業規模が小規模である方が固定経費がかさむことから、経費分として上乗せされているためです。

2 療養通所介護費

療養通所介護費の単位数

療養通所介護	12785／月
短期利用療養通所介護費	1335／日

2 療養通所介護費

- 療養通所介護は通所介護の利用が難しい常時看護師による観察を必要とする難病、認知症、脳血管疾患後遺症等がある重度者やがん末期の利用者などを想定した通所サービスです。
- 利用者の居宅に迎えに行った時から、居宅に送り届けた後の利用者の状態の確認までも含めて一連のサービスとするもので、これらの送迎時間を合わせてサービス提供時間とするところが、通所介護と大きく取扱いが異なります。
- 短期利用療養通所介護費は、令和6年度から新設された区分で、登録していない人が緊急に短期間の利用をする場合を想定したものです。

> **ポイント** 短期利用療養通所介護費の算定要件
>
> 短期利用療養通所介護費の算定にあたっては、原則として7日以内(最大14日以内)の利用期間で、ケアマネジャーが必要性を認めている場合に限るなど、一定の要件を満たしている必要があります。
> 具体的には、次のいずれにも該当する場合に算定できます。
> - 利用者の状態や利用者の家族等の事情により、ケアマネジャーが、緊急に利用することが必要と認めている
> - 利用開始にあたって、あらかじめ7日以内の利用期間を定めている
>   (介護者が病気であるなど、やむを得ない事情がある場合は14日以内)
> - 人員基準に規定されている従業者を配置している
> - 療養通所介護費の減算※を算定していない
>
> ※入浴介助を行わない場合の減算、過少サービスに対する減算

解説　療養通所介護の報酬

　療養通所介護の報酬では、算定できる減算・加算が通所介護費や地域密着型通所介護費とは違い、以下の通りになっています。

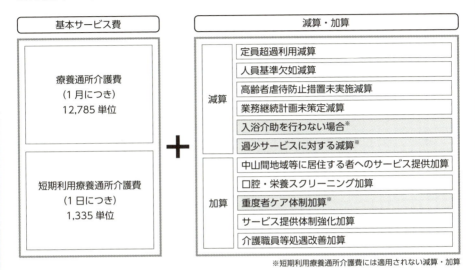

※短期利用療養通所介護費には適用されない減算・加算

　また、療養通所介護独自の減算・加算があり、その概要は以下の通りです。

〈減算の概要〉

○入浴介助を行わない場合

　入浴介助を行っていない場合は所定単位数の5％が減算になります。

○過少サービスに対する減算

　算定月におけるサービスの提供回数について、利用者1人当たり平均回数が5回に満たない場合は、所定単位数の30％の減算になります。

〈加算の概要〉

○重度者ケア体制加算

　重度の利用者を受け入れる体制を整備した事業所で算定する加算です。
　次の要件をすべて満たしている場合に、月150単位が加算されます。

・看護職員を人員基準に規定する数に加えて、常勤換算方法で3以上多く配置
・指定研修機関の研修を修了した看護師を1人以上配置
・併せて指定訪問看護事業者の指定を受け、一体的に事業を行っている

2 減算

(1) 定員超過利用減算

定員超過利用減算は、**利用定員を超えた場合に、その月の通所介護費の請求総額から30％が減額される**という、非常に大きな介護報酬の減算項目です。

〈チェック事項〉

1 減算になる場合

月平均の利用者数が利用定員を超える場合に減算
➡次の計算式の値が、運営規程に定める定員数を超えている場合に減算

> 1ケ月の延べ利用者数÷1ケ月のサービス提供日数

○定員超過の判定の注意点
- 複数単位で運営している場合は、単位ごとに定員超過の判定をする
- 延べ利用者数には、次の利用者も含める
    a 介護保険外の自費サービス利用者
    b 体験利用者

> 定員超過利用減算に該当する場合は、
> → **個別機能訓練加算**（118頁）
> → **栄養アセスメント加算**（138頁）
> → **栄養改善加算**（142頁）
> → **口腔・栄養スクリーニング加算**（146頁）
> → **口腔機能向上加算**（150頁）
> → **サービス提供体制強化加算**（158頁）
> が算定できません！

1 減算になる場合

● 本減算は、「1日でも定員を超えたらすぐに減算の対象」というわけではありません。通所介護の**月平均の利用者数**(第1号通所介護の利用を含めた数)が、運営規程に定める利用定員を超える場合に減算となります。

> **注意!** ▶減算にならなくても行政処分になることも!
>
> ここで注意すべき点は、本減算のように介護報酬の算定では「月平均の利用者数」で定員超過の判定をしますが、**運営基準では1日でも定員を超えた日があれば定員超過**になります。
>
> 例えば、定員10人の通所介護事業所で昨日5人、本日15人の利用があった場合、この2日の「平均の利用者数」は10人((5人+15人)÷2日)になるため、定員超過利用減算にはなりませんが、運営基準上は違反となり指導を受けることとなります。その違反が長期間にわたり継続反復していた場合は、指定取消しを含めた行政処分の対象となります。
>
> ### 介護報酬の算定要件と運営基準の考え方の違い
>
>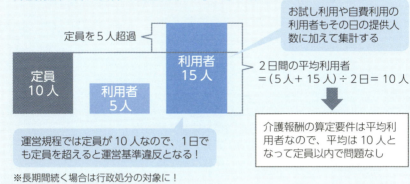

○定員超過の判定の注意点

● 2単位制など**複数単位**で運営している場合は、**単位ごとに判定**します。
● 「延べ利用者数」には、介護保険外の**自費サービス利用者**や**体験利用者等もカウント**します。

(2) 人員基準欠如減算

看護職員と介護職員の配置について、**人員基準を満たしていない場合、通所介護費の請求総額から30％が減額される**という減算項目です。

〈チェック事項〉

> **1 減算になる場合**
>
> 看護職員と介護職員の配置が人員基準を満たしていない場合に減算
> ➡次の計算式の値が、1より少ない場合に減算
>
> > 【看護職員】サービス提供日に配置された延べ人数
> > 　　　　　÷サービス提供日
> > 【介護職員】その月に配置された介護職員の勤務延時間数
> > 　　　　　÷その月に配置すべき介護職員の勤務延時間数
>
> ① 計算式の値が1より少なく0.9以上の場合
>   その翌々月から人員欠如が解消される月まで減算
>   (翌月末に解消した場合は減算とならない)
> ② 計算式の値が0.9より少なくなる場合
>   その翌月から人員欠如が解消される月まで減算

人員基準欠如減算に該当する場合は、
→ **個別機能訓練加算**（118頁）
→ **栄養アセスメント加算**（138頁）
→ **栄養改善加算**（142頁）
→ **口腔・栄養スクリーニング加算**（146頁）
→ **口腔機能向上加算**（150頁）
→ **サービス提供体制強化加算**（158頁）
が算定できません！

2 減算 (2) 人員基準欠如減算

1 減算になる場合

- 本減算は、人員基準に定める員数の**看護職員と介護職員**が配置されていない状況で行われた通所介護について算定するもので、**機能訓練指導員**や**生活相談員**、**管理者**などの配置は対象とはなりません。
    - ➡ 人員基準に定める配置については、第1章「1 人員基準」2〜5頁を参照
- チェック事項の計算式の値が0.9から1の間であれば、その翌々月から人員欠如が解消される月まで、利用者全員について減算となります。ただし、翌月末に人員欠如の状態が解消した場合は、減算となりません。
    - ➡ 介護職員の勤務延時間数については、第1章「解説 介護職員数の計算方法」18頁を参照
- チェック事項の計算式の値が0.9を下回っていた場合は、その翌月から人員欠如が解消される月まで、利用者全員について減算となります。

> **注意！** ▶ 減算の対象とならない場合でも行政処分の対象となる
>
> 　看護職員と介護職員以外の配置については、人員基準欠如減算の対象となりませんが、だからといって、**軽く考えることは禁物**です。
> 　従業者が欠員の状態が継続する場合、保険者は、その事業所に対して定員の見直し又は事業の休止を指導することになります。さらに、その指導に従わずに事業を継続している事業所に対しては、特別な事情がある場合を除いて、指定の取消しを検討するとされています。
> 　つまり、人員基準欠如減算の対象とならない場合でも、行政処分の対象になるということです。

> **注意！** ▶ 求人をしても職員が足りない場合
>
> 　介護業界は慢性的な人材不足が長期間続いており、求人広告を出し続けていても応募がない状態も考えられます。そのような場合は、**速やかに保険者に相談**して対応を検討することが大切です。
> 　また、職員不足によって各加算の算定要件を満たさなくなったことがわかった時点で、速やかに届け出て加算の算定を中止します。人員の確保ができて加算の算定要件を満たした時点で、改めて加算算定の届出を行います。

人員欠如が 1 割の範囲内の場合

看護職員　0.9 ≦サービス提供日に配置された延べ人数÷サービス提供日＜ 1

介護職員　0.9 ≦その月に配置された介護職員の勤務延時間数
　　　　　÷その月に配置すべき介護職員の勤務延時間数＜ 1

その翌々月から人員欠如が解消される月まで、利用者全員について減算
ただし、翌月末に解消した場合は減算とならない

人員欠如が 1 割を超える場合

看護職員　サービス提供日に配置された延べ人数÷サービス提供日＜ 0.9

介護職員　その月に配置された介護職員の勤務延時間数
　　　　　÷その月に配置すべき介護職員の勤務延時間数＜ 0.9

その翌月から人員欠如が解消される月まで、利用者全員について減算

生活相談員の不在と定員超過の常態化
平成 26 年 7 月　指定取消し（連座制でグループの全事業所に適用）

行政処分の理由
- 平成 24 年 10 月から平成 25 年 9 月まで生活相談員の配置のない日が常態化していた。
- 平成 24 年 7 月から平成 25 年 9 月まで、定員超過が常態化した状況で通所介護を提供していた。

不正のポイント

▶1 年間、生活相談員が不在
　生活相談員は、人員基準を満たしていない場合でも減算にならないこともあり軽く考えがちですが、減算にはならなくても、人員基準違反で指導対象となります。
　また、**生活相談員がサービス提供時間中に営業や契約、送迎等で事業所外にいる場合は、別の生活相談員を配置しなければ、人員基準違反として指導・処分されます**。生活相談員がサービス提供時間中に中抜けできるのは、基本的にケアマネジャーが招集するサービス担当者会議に限られますが、地域によってはローカルルールも存在しますので、注意が必要です。

▶定員超過の常態化
　定員超過については、事業所が保険者の指導に従わずに定員超過での利用を 2 ケ月以上継続する場合は、特別な事情がある場合を除いて、指定取消しを検討するとされています。
　定員超過の判断で陥りやすいのは、**自費利用者や体験利用者の人数も利用者数に加える必要があることを「知らない」ために定員超過になってしまう**ケースで、いわばコンプライアンス知識の不足が招く定員超過です。利用者の集計には、自費や体験等の利用者を含めてカウントしましょう。

「知らないうちに」「思い込みで」減算になっているかもしれません！

(3) 事業所と同一建物内の利用者へのサービス提供

　事業所と同一建物内の利用者にサービスを行った場合、1日94単位を減算します。

〈チェック事項〉

> **1 減算になる場合**
>
> 　同一建物に居住する利用者や同一建物から通う利用者は減算対象
>
> ○減算にならない場合
> ● やむを得ない事情により送迎が必要な利用者に対して送迎を行った場合

1 減算になる場合

- 本減算の対象者は、事業所と同一建物に居住する利用者や同一建物から通う利用者が該当します。
- 同一建物とは、**構造上・外見上、一体的な建物**をいいます。建物が渡り廊下でつながっている場合も含まれます。
- 同一敷地内であっても、完全な別棟や隣接の建物は対象にはなりません。

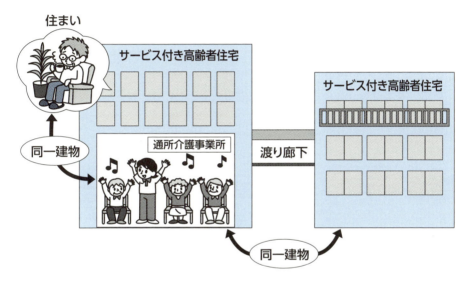

○減算にならない場合

- 病気やケガで一時的に送迎が必要になるなど、やむを得ない事情で送迎が必要な利用者に送迎を行った場合は、減算にはなりません。
- 「やむを得ない事情」とは、次のaからdをすべて満たしている場合に限られます。
  a 利用者は歩行が困難で、かつ建物の構造上からも自力での通所が困難である
  b 2人以上の従業員が往復の移動を介助している
  c 送迎の必要性についてサービス担当者会議等で検討して、通所介護計画に位置づけている
  d 移動介助の状況について記録をしている

(4) 送迎未実施減算

利用者の居宅と通所介護事業所との間の送迎を実施していない場合に、片道につき47単位、往復で94単位の減算になります。

〈チェック事項〉

1 減算になる場合

利用者の居宅と通所介護事業所との間の送迎を実施していない場合に減算

○**減算にならない場合**
- 同一建物減算（事業所と同一建物内の利用者へのサービス提供）の対象である

ポイント 他の事業所の利用者との同乗もOK！

送迎にあたっては、他の介護サービス事業所や障害福祉サービス事業所の利用者と同乗することも可能です。ただし、次のどれかに該当し、責任の所在を明確にする必要があります。

・他の事業所の職員が自事業所と雇用契約を結び、自事業所の職員として送迎を行う場合
・他の事業所との委託契約（共同での委託を含む）に基づき送迎を委託している場合
・障害福祉事業所が介護サービス事業所と雇用契約や委託契約（共同での委託を含む）を結んで送迎を行う場合

この要件を満たしていれば、送迎未実施減算は適用されません。

1 減算になる場合

- 利用者が自ら通う場合や利用者の家族が送迎を行う場合など、**事業者が送迎をしていないのであれば、どのような理由があっても減算の対象となります。**
- 利用者の自宅の玄関から事業所の入口まで以外の送り迎えは、原則として「送迎」とは認められず、本減算の対象となります。なお、利用者の求めに応じて**希望の場所で乗降させること自体、法令違反として認められていません**ので注意が必要です。
- 利用者の自宅ではなくても、**居住しているという実態がある場所**（近隣の家族の家など）であれば「送迎」として認められます。
- 通所介護の終了後に、訪問介護事業者が利用者を病院への通院等乗降介助を行うために迎えに来た場合は、帰りの送迎が実施されませんので、片道分47単位が減算になります。
- お泊りサービスを提供している利用者の場合、サービスの初日と最終日には片道の送迎を行っていないため、片道分の47単位が減算されます。連続して利用した場合の中日については、往復94単位が減算されます。
- 送迎車両での送迎以外に、利用者の自宅が近所であるなどの理由で、事業所の職員の徒歩での送迎も認められています。この場合、減算の対象になりません。

○減算にならない場合

- 利用者が**同一建物減算の対象**となっている場合は、同一建物減算が優先となり、送迎未実施減算の対象とはなりません。
  → 「2（3）事業所と同一建物内の利用者へのサービス提供」80頁を参照

> **ポイント** 記録がなければ減算⁉

送迎未実施減算においては、送迎記録の記載が重要となります。法令で定められた作成書類はありませんが、運営指導では必ず確認される書類です。送迎の有無の確認は送迎記録で行われるので、必ず毎日の利用者一人ひとりのお迎えとお送りの状況を記載します。これを怠ると、実際に送迎をしていても**記録で確認できないため、送迎未実施減算分の不正請求、返還指導**となることもあります。

また送迎記録は、主にサービス開始時間と終了時間を確認するための書類です。事業所が送迎しない家族送迎等の場合も、何らかの形で到着時間と出発時間の記録を残します。また、徒歩で送迎する場合は、送迎記録に徒歩送迎の記録を残すことが重要です。

【送迎記録に求められる記載事項】
- 配車ごとの出発時刻と到着時刻
- 配車ごとの送迎した利用者名
- 送迎の乗降場所（自宅 - 事業所以外の場合、その理由）
- 運転者、同乗者名
- 特記事項

2 減算　(4) 送迎未実施減算

指導事例 6

利用者を車内に拘束していた
平成 25 年 3 月　指定取消し

行政処分の理由

- 長期間にわたり、要介護者を通所介護施設敷地内の車中にシートベルト等で拘束し、排泄・食事介助等、必要最低限のサービスのみを実施した。
- 要介護者を車中に拘束し、居宅サービス計画・通所介護計画に基づくサービスを提供していないにもかかわらず、通所介護サービスを提供したとして介護報酬を請求した。

不正のポイント

▶利用者を車内に拘束するという「身体拘束」は重大な運営基準違反

　身体拘束廃止未実施減算は介護施設やショートステイ等に適用されるもので、通所介護は対象になっていません。そのため安易に身体拘束を行うケースもあるようですが、減算対象外であるというだけで、身体拘束が認められているわけではありません。**身体拘束は、「人格を尊重して職務を遂行していない」として指定取消しの要件となります。**

　しかし、それ以前に、利用者が車の中に拘束されているのに、これを指摘する事業所職員が誰もいなかったことが問題です。人は組織の中にいると、その組織の価値観に染まり、善悪の判断がつかなくなることを示す事例でもあります。外部の監査やブレーンの活用はその意味でも重要です。

▶事業所外でのサービス提供は認められない

　通所介護は施設において行う（事業所の中で行う）と規定されており（介護保険法第 8 条）、**事業所外でのサービス提供は、機能訓練の一環として行う場合以外は認められません。**この事例では、事業所の外の車中に利用者を拘束しており、利用者は事業所内にいなかったことになります。したがって、この時間はサービス提供時間には含めることができないため、不正請求に該当します。

身体拘束は重大な運営基準違反！　指定取消しにつながります！

(5) 高齢者虐待防止措置未実施減算

　高齢者虐待防止措置未実施減算は、虐待の発生等を防止する措置を講じていない場合に、所定単位数の1％を減算します。

〈チェック事項〉

> **1 高齢者の虐待の発生等を防止する措置**
>
> □ 虐待防止のための対策を検討する委員会を定期的に開催しているか
> □ 事業所における虐待防止のための指針を整備しているか
> □ 虐待防止のための研修を定期的に実施しているか
> □ 上記を適切に実施するための担当者を置いているか

1 高齢者の虐待の発生等を防止する措置

- 虐待の発生又はその再発を防止するための措置のうち、**1つでも行われていない場合は、減算**となります。
  → 虐待防止措置については、第1章「解説　高齢者の虐待の発生等を防止する措置」40頁を参照
- 上記の措置を講じていない場合、速やかに改善計画を都道府県知事に提出します。さらに、その事実が生じた月から3ケ月後に、改善計画に基づく改善状況を都道府県知事に報告する必要があります。
- その事実が生じた月の翌月から改善が認められた月までの間、利用者全員について所定単位数から減算することになります。

ポイント 小規模事業所は積極的に外部機関等を活用しよう！

　事業所規模の大小に関わりなく、虐待防止委員会と研修を定期的に実施する必要があります。小規模事業所の場合は、積極的に外部機関等を活用しましょう。例えば、虐待防止委員会は、法人内の複数事業所による合同開催、感染症対策委員会など他委員会との合同開催、関係機関等の協力を得て開催するなどが可能です。

　研修も同様に法人内の複数事業所や他委員会との合同開催、都道府県や市町村等が実施する研修会への参加、複数の小規模事業所による外部講師を活用した合同開催等が考えられます。

　なお、虐待防止委員会や研修を合同で開催する場合には、参加した各事業所の従事者と実施した内容等を記録してください。

ポイント 運営指導で発覚した場合

　運営指導で虐待発生等の防止措置の未実施が発覚した場合には、過去に遡及して当該減算を適用することはできず、発覚した日の属する月が「事実が生じた月」となります。この場合、改善計画の提出の有無にかかわらず、事実が生じた月の翌月から減算が適用されます。減算は、施設・事業所から改善計画が提出されて、事実が生じた月から3ケ月以降に改善計画に基づく改善が認められた月まで継続されます。

(6) 業務継続計画未策定減算

　業務継続計画未策定減算は、業務継続計画を策定していない場合に、所定単位数の１％を減算します。令和７年４月１日から適用されます。

〈チェック事項〉

1 業務継続計画の策定

☐ 感染症及び災害発生時における業務継続計画（BCP）の策定をしているか

1 業務継続計画の策定

- 感染症あるいは災害発生時のどちらか、又は両方の業務継続計画が未策定の場合、基本報酬が減算されます。なお、BCPの周知、研修、訓練、見直しの未実施については、減算の対象にはなりません。
  ➡ 研修等については、第１章「ポイント　業務継続計画（BCP）の研修と訓練」37頁を参照
- 業務継続計画が策定されていない場合、その事実が生じた翌月（事実が生じた日が月の初日の場合はその月）から、未策定の状況が解消された月まで、事業所の利用者全員について所定単位数から減算されます。
- 経過措置として、令和７年３月31日までの間、「感染症の予防及びまん延の防止のための指針」及び「非常災害に関する具体的計画」を策定している場合は、本減算が適用されません。

> **ポイント ▶ 運営指導で発覚した場合**
>
> 　運営指導で業務継続計画の未策定が発覚した場合には、「基準を満たさない事実が生じた時点」までさかのぼって減算が適用されます。例えば、令和７年10月の運営指導において業務継続計画の未策定が判明した場合は、令和７年４月から減算の対象となります。

2 減算 (6) 業務継続計画未策定減算

> **注意！** 策定の義務化は令和6年4月から！
>
> 経過措置により本減算の適用は令和7年4月1日からですが、令和7年3月31日までの間は減算にならないという規定はあくまでも介護報酬の算定要件です。運営基準では令和6年4月から策定が義務化されています。そのため、運営指導等において、業務継続計画の未策定が判明した場合でも経過措置の期間は減算にはなりませんが、**運営基準違反に該当する**ために指導対象となります。減算適用の有無にかかわらず、早期の策定が求められます。

3 加　算

(1) 感染症等への対応加算（基本報酬への3％加算）

　感染症や災害により一定の基準以上に利用者数が減少した場合に、基本報酬に3%を加算して算定できます。

　通所介護の大規模型Ⅰ又は大規模型Ⅱについては、「事業所規模区分の特例」（より小さい事業所規模別の報酬区分の適用）も設けられており、本加算か「事業所規模区分の特例」のいずれかで算定します。

感染症等への対応加算	所定単位数の3％／回

〈チェック事項〉

1 利用者数・算定期間等

- ☐ 感染症や災害の影響によって利用者数が減少した月の利用延人員数が前年度の平均利用延人員数から5％以上減少しているか
- ☐ 算定する期間は3ケ月に限っているか
- ☐ 同じ理由による利用者減について、年度内に1度の算定に限っているか

2 「事業所規模区分の特例」との関係　※大規模型Ⅰ・大規模型Ⅱのみ

- ☐ 「事業所規模区分の特例」の要件に該当していないか

1 利用者数・算定期間等

- 感染症や災害の影響によって利用者数が減少した月の利用延人員数が、前年度の平均利用延人員数から5％以上減少している場合に、基本報酬の3％の加算を算定できます。この加算分は、区分支給限度基準額の算定に含めません。
    ➡ 平均利用延人員数については、「解説　前年度の1月当たりの平均利用延人員数の計算」62頁を参照
- 利用延人員数が減少した月の翌月15日までに届出をして、翌々月から適用します。利用者数の実績が前年度の平均利用延人員数に戻った場合は、その翌月15日までに届出をして翌々月から通常に戻ります。
- 本加算は利用延人員数が減少した月の翌々月から3ケ月以内に限り、算定が可能です。3ケ月間の加算算定後も特別な事情があり、引き続き利用延人員数が減少している場合は、再度届出を行い、さらに最大3ケ月間加算を算定することができます。
- 本加算の算定届出は年度内に1度しか行うことができません。別の感染症や災害を理由とする場合にのみ、再度加算を算定することが可能です。該当する感染症や災害、算定期限については、その都度、厚生労働省又は保険者から通知されます。

2 「事業所規模区分の特例」との関係

- 基本報酬の区分が大規模型Ⅰ又は大規模型Ⅱの場合は、減少した利用者の数に応じて、より小さい事業所規模別の報酬区分を適用する「事業所規模区分の特例」も設けられています。本加算か「事業所規模区分の特例」のいずれかで算定できますが、両方の要件を満たしている場合は、「事業所規模区分の特例」が適用されます。
    ➡ 「事業所規模区分の特例」については、「解説　感染症等により利用者が減少した場合」64頁を参照

(2) 延長加算

　延長加算は、所要時間8時間以上9時間未満の通所介護の前後に、連続して日常生活の世話を行う場合に算定されるものです。

9時間以上10時間未満の場合	50単位
10時間以上11時間未満の場合	100単位
11時間以上12時間未満の場合	150単位
12時間以上13時間未満の場合	200単位
13時間以上14時間未満の場合	250単位

〈チェック事項〉

1 ケアプランへの位置づけ
☐ 延長加算の算定が事前にケアプランに位置づけられているか

2 基本報酬の時間区分
☐ 8時間以上9時間未満の基本報酬を算定しているか

3 人員配置
☐ 延長加算が適用される時間帯に職員1人以上が配置されているか

1 ケアプランへの位置づけ

- 延長加算の算定は、**事前にケアプランに位置づけられている**ことが必要です。

2 基本報酬の時間区分

- 延長加算の算定には、8時間以上9時間未満の基本報酬を算定していることが必要です。
- **サービス開始から9時間経過後から延長加算の算定が可能です。**ケアプランに位置づけられた8時間以上のサービス終了時点から、9時間経過後の延長加算の時間までは自費サービスとして提供されます。

　例えば、9〜17時までの8時間のサービスを提供している場合、延長加算は9時間経過後からでしか算定できないため、17〜18時までの1時間は自費サービスでの提供として対応します。

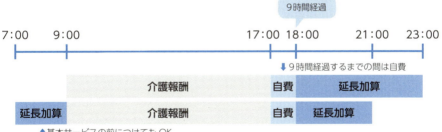

> **ポイント　延長時間は基本サービスの開始前にも設定できる**
>
> 　延長時間は、基本サービスの終了後だけではなく、開始前の時間帯に設定することも可能です。
> 　例えば、延長時間の5時間について、サービス開始の9時の前に2時間を振り分けて朝7時からとして、18時以降に残りの3時間分の延長時間を設定して夜の21時までとして、トータルで最大で朝7時から夜21時までのサービス提供が可能です。

3 人員配置

- 延長加算の時間帯は、「サービス提供時間帯」には当たらないため、人員基準上の配置義務は適用されません。

> **ポイント ▶ 延長加算の時間帯は職員1人で OK**
>
> 　延長加算が適用される時間帯と自費サービスの提供時間の職員配置は、「適当数」とされています。具体的に〇人と規定されていませんので、1人の職員配置でよいことになります。

3 加算 （2）延長加算

サービス提供時間中の医療機関の受診
平成 26 年 11 月　指定効力の停止

行政処分の理由
サービス提供時間中の医療機関への受診について、受診による所要時間の区分の変更を行わず、満額の介護報酬を請求し受領していた。

不正のポイント

▶**サービス提供時間中に医療機関を受診し、受診時間も含めて請求した**

通所介護と医療機関での受診（往診等も含む）は、別の時間帯に行われる別のサービスであることから、医療機関の請求と介護保険の請求は明確に区分されるべきで、「通所サービスのサービス提供時間帯における併設医療機関の受診は緊急やむを得ない場合を除いて認められない」とされています[※1]。

通所介護の前後に併設医療機関等を受診した場合の延長加算についても、「通所サービス後の受診後の時間帯に延長サービスを行った場合も、当該延長サービスは通所サービスに係る延長サービスとみなされず、当該加算を算定できない」とされています[※2]。

このように、サービス提供時間に病院の受診等を含めることは認められていません。医療保険と介護保険を同時に使うことになるからです。

「サービス提供時間に含まれない」として、よく指摘される事項は、「送迎の遅れ等によって短縮した時間」「サービス提供時間中の床屋サービスの利用」「通所介護計画に位置づけられていない外出を伴うサービス提供（お花見や買物レク、見学会など）」など、枚挙にいとまがありません。

また、その日時でしか調整ができなかったなどの理由でケアマネジャーから依頼されて、**サービス提供時間中にケアマネジャーが招集するサービス担当者会議を通所介護事業所で開催した場合は、利用者がサービス担当者会議に参加した時点でその日のサービス提供は中断**となります。「ケアマネジャーからの依頼なのでよいと思った」などの安易な判断で対応すると、指導や介護報酬返還につながるので注意が必要です。

※1　平成 15 年 5 月 30 日「介護報酬に係るＱ＆Ａについて（2010.4.27）通所サービス（共通事項）」Q11
※2　平成 15 年 5 月 30 日「介護報酬に係るＱ＆Ａについて（2010.4.27）通所サービス（共通事項）」Q12

サービス提供時間に含まれないものをしっかり把握しよう！

(3) 中山間地域等に居住する者へのサービス提供加算

中山間地域等に居住する利用者に対して、通常の事業の実施地域を越えて通所介護を行った場合に、1日につき所定単位数の5％を加算します。

中山間地域等に居住する者へのサービス提供加算	所定単位数の5％／日

〈チェック事項〉

1 中山間地域
☐ 利用者の居住地は厚生労働大臣の定める中山間地域に該当しているか

2 通常の事業の実施地域
☐ 運営規程に定める「通常の事業の実施地域」の範囲外でのサービス提供か

3 交通費の取扱い
☐ 加算を算定した場合に、交通費を請求していないか

1 中山間地域

- 厚生労働大臣が定める中山間地域とは、次のどれかに該当する地域になります。中山間地域に該当するかは、保険者に確認してください。
    - a　離島振興対策実施地域
    - b　奄美群島
    - c　豪雪地帯及び特別豪雪地帯
    - d　辺地
    - e　振興山村
    - f　小笠原諸島
    - g　半島振興対策実施地域
    - h　特定農山村地域
    - i　過疎地域
    - j　沖縄の離島

2 通常の事業の実施地域

- 運営規程に定めている「通常の事業の実施地域」の範囲内であれば、「中山間地域等」に居住する利用者にサービスを提供した場合でも、加算は算定できません。

3 交通費の取扱い

- 本加算を算定する場合は、利用者から交通費を別途もらうことはできません。高速道路料金や有料駐車場などの費用も加算に含まれていますので、請求はできません。

(4) 入浴介助加算

入浴介助を行った場合に、1日につき以下の単位数を算定します。

入浴介助加算（Ⅰ）	40単位／日
入浴介助加算（Ⅱ）	55単位／日

入浴介助加算（Ⅰ） 従来の入浴介助加算と同じ要件です。観察を含む入浴介助を行った場合に算定します。

〈チェック事項〉

> **1 入浴の実施**
> ☐ 入浴を実施しなかった利用者の分まで加算を算定していないか
> ☐ 入浴は、全身浴、部分浴、全身シャワー、部分シャワーのいずれかを行っているか
> ☐ 入浴介助を担当する職員に入浴介助に関する研修を継続的に行っているか
> ☐ 入浴介助に関する研修の記録を作成しているか

1 入浴の実施

- 通所介護計画上に入浴の提供が位置づけられていても、利用者側の事情で入浴を実施しなかった場合は、加算を算定できません。
- 入浴にはさまざまな形がありますが、本加算の対象となるのは全身浴と部分浴、全身シャワー、部分シャワーです。

全身浴	部分浴	全身シャワー	部分シャワー	清拭
○	○	○	○	×

- 「入浴介助に関する研修」は、入浴介助に関する基礎的な知識や技術を習得する機会を設けるために実施します。実施後は、研修を実施した事実がわかるように研修記録を作成して、事業所で保管します。

3 加算 (4) 入浴介助加算

ポイント ▶ 入浴介助に関する研修の内容

　入浴介助に関する研修は、脱衣、洗髪、洗体、移乗、着衣など入浴の一連の動作を対象に実施します。研修内容の一例としては、入浴介助担当職員に必要な入浴介助の技術や転倒・入浴事故防止のためのリスク管理の知識、安全管理といったテーマが考えられます。これらの研修は、内部・外部を問いませんが、職員の入浴介助技術の向上を図るため、**継続的に研修の機会を確保しなければなりません**。近年は、オンラインでの入浴介助講座も充実していますので、それらを活用することも選択肢の一つです。

OK! ▶ 入浴の「見守り」でも加算算定は可能

　入浴介助加算は、入浴中の利用者の観察を含む介助を行う場合に算定されます。この「観察」とは見守り的な援助のことで、自立支援の観点から、極力、利用者が自力で入浴することを促し、必要に応じた介助や転倒防止のための声かけ、気分の確認などを行うことです。

　それほど身体的な介助を必要とせず、利用者がほとんど自力で入浴できるケースであっても、利用者が入浴するのを見守り、結果として、**身体に直接接触する介助を行わなくても加算の対象となります**。

自立生活支援の観点から、入浴時の介助は必要最低限が基本

可能な限り、自分で入浴するように促す 転倒防止の声かけ／必要に応じて介助／気分の確認

身体に直接接触する介助を行わなかった場合も算定可

見守りだけでも算定OK！

入浴介助加算（Ⅱ） 利用者が自宅にて自力で入浴できるように、訪問による環境評価や入浴計画の作成、計画に基づく入浴介助を行った場合に算定します。

〈チェック事項〉

1 入浴の実施

- ☐ 入浴を実施しなかった利用者の分まで加算を算定していないか
- ☐ 入浴は、全身浴、部分浴、全身シャワー、部分シャワーのいずれかを行っているか
- ☐ 入浴介助を担当する職員に入浴介助に関する研修を継続的に行っているか
- ☐ 入浴介助に関する研修の記録を作成しているか

2 利用者の居宅の浴室の評価

- ☐ 医師等が利用者の居宅を訪問し、浴室での利用者の動作や浴室の環境を確認しているか
- ☐ 利用者の居宅の浴室での入浴が難しい場合は、福祉用具貸与・購入や住宅改修など浴室の環境整備について助言をしているか

3 入浴計画の作成・実施

- ☐ 機能訓練指導員等が共同して、利用者の居宅の浴室の環境をふまえた個別入浴計画を作成しているか
- ☐ 事業所において個浴（個別の入浴）など利用者の居宅に近い環境で、入浴介助を行っているか

1 入浴の実施

- 入浴介助加算（Ⅰ）の「1 入浴の実施」98頁を参照してください。

2 利用者の居宅の浴室の評価

- 「医師等」とは、医師、理学療法士、作業療法士、介護福祉士、ケアマネジャー、福祉用具専門相談員※、機能訓練指導員、地域包括支援センター職員、福祉・住環境コーディネーター2級以上の者など、住宅改修に関する専門的知識・経験がある者をいいます。

  ※利用者の動作及び浴室の環境の評価を行うことができる者に限る。

- 利用者の居宅は、利用者の自宅※のほか、利用者の親族の家などが想定されます。

  ※高齢者住宅（共同の浴室も含む）を含む。

- 利用者の状態をふまえて、**浴室での利用者の動作や浴室の環境を評価します。** 利用者の身体状況や浴室の環境に変化があった場合は、再評価や入浴計画の見直しを行います。

> **ポイント ▶ 医師等の代わりに介護職員の訪問も可能！**
>
> 　医師等が利用者の居宅を訪問することが難しい場合には、代わりに介護職員が訪問して、医師等の指示の下にビデオや写真、テレビ電話システムなどの情報通信機器を活用して浴室での利用者の動作や浴室の環境を記録し、これをふまえて医師等が評価・助言を行うことも可能です。
>
> 　このとき、テレビ電話システムの画面を通して同時進行で医師等が対応する必要はありません。医師等の指示により介護職員が撮影した利用者の動作の動画や、浴室の環境の写真を活用して、医師等が評価をすれば要件を満たします。ポイントは、**介護職員はあくまでもカメラマン的な位置づけで訪問するのみ**で、評価・助言を行わないということです。

- 利用者の居宅の浴室が、利用者自身又は家族等の介助での入浴が難しい環境にある場合は、訪問した医師等がケアマネジャーか福祉用具専門相談員と連携して、**福祉用具貸与・購入や住宅改修など浴室の環境整備について助言**を行います。

3 入浴計画の作成・実施

- 「機能訓練指導員等」とは、機能訓練指導員、看護職員、介護職員、生活相談員その他の職種の者をいいます。
- 機能訓練指導員等が共同して、利用者の居宅を訪問した医師等と連携して、利用者の身体の状況や訪問により把握した利用者の居宅の浴室の環境等をふまえた個別入浴計画を作成します。
- 個別入浴計画に基づいて、**個浴など利用者の居宅に近い環境で入浴介助を行います**。利用者が自力でできる動作には見守り的援助を、介助を行う必要がある動作には身体介助を行います。
- 「利用者の居宅に近い環境」とは、手すりなど入浴に必要な福祉用具等を活用して、利用者の居宅の浴室を個別に倣ったものであればよいとされています。例えば、利用者の居宅の浴室の手すりの位置、浴槽の深さや高さに合わせて、事業所の浴室に福祉用具を設置して、利用者の居宅の浴室の状況を再現することなどです。

> **ポイント 利用者の自宅に浴室がない場合**
>
> 利用者の自宅に浴室がない場合や、本人が希望する場所で入浴するには心身機能の大幅な改善が必要な場合は、次の①～⑤をすべて満たす必要があります。
> ① 事業所の浴室で、医師等が利用者の動作を評価する。
> ② 事業所で利用者が自立して入浴するために必要な設備（福祉用具等）を備える。
> ③ 事業所の機能訓練指導員等が共同して、利用者の動作を評価した医師等との連携の下で、利用者の身体の状況や事業所の浴室の環境等をふまえた個別入浴計画を作成する。
> ④ 個別入浴計画に基づいて、事業所において入浴介助を行う。
> ⑤ 入浴設備の導入や心身機能の回復等により、通所介護以外の場面での入浴が想定できるか、利用者の状況に照らして確認する。

指導事例 8　清拭で入浴介助加算を請求
平成 26 年 8 月　指定取消し

行政処分の理由

入浴ではなく清拭を実施している場合も、入浴介助加算を算定している事例が多数見受けられた。

不正のポイント

▶ 「清拭」で入浴介助加算を算定していた

入浴介助加算は入浴介助に対する加算ですが、清拭は加算算定の対象になりません。しかし、入浴ではなく清拭を実施したために介護報酬の返還指導を受けるケースを多く見かけます。

例えば、新潟県の集団指導資料（平成 23 年）では、「『清拭』『部分浴』※については、通所介護の入浴サービスに該当しないため、加算算定できません。また、その費用を利用者に負担させることもできません」と記されていますが、この考え方は、多くの保険者の資料で確認できます。

入浴介助加算（Ⅰ）は 40 単位の加算で、事業者側も「利用者に入浴してもらえば加算を算定する」程度の認識でいることが多いのですが、小さい単位の加算でも算定要件があり、それに従わないとどのような加算であっても算定できません。たとえ少額でも「不正な請求」なのです。

※「部分浴」については、令和 3 年度介護報酬改定時の通知の改正により、入浴介助加算に含まれることが解釈通知（平成 12 年 3 月 23 日老企第 36 号）で示されています。

「清拭」は入浴ではありません！　少額の加算でも要件は厳守！

(5) 中重度者ケア体制加算

中重度の要介護者を受け入れる体制を整備した場合に、1日45単位を算定します。体制加算のため、利用者の要介護度にかかわらず全員が算定対象となります。

中重度者ケア体制加算	45単位／日

〈チェック事項〉

1 人員配置

☐ 人員基準に規定する介護職員・看護職員の員数に加えて、看護職員又は介護職員を常勤換算方法で2以上多く確保しているか

☐ サービス提供時間帯を通じて、専従の看護職員を1人以上配置しているか

2 中重度者の割合

☐ 前年度又は前3ケ月間の利用者の総数のうち、要介護3以上の利用者の割合が30％以上であるか

3 社会性の維持のプログラム

☐ 中重度の要介護者でも、社会性の維持を図り在宅生活の継続に資するケアを計画的に実施するプログラムを作成しているか

1 人員配置

- 本加算では、介護職員・看護職員のどちらかについて、人員基準に加えて月全体で「常勤換算方法で2以上」多い配置が必要です。
    - ➡ 具体的な計算方法は、「解説　看護職員・介護職員の計算方法」107頁を参照
- **専従の看護職員は、他の職種との兼務は認められません。**
- 専従の看護職員は通所介護を行う時間帯を通じて1人が配置されていれば、時間帯によって担当看護職員が変わっても、加算の要件を満たします。
- **専従の看護職員の勤務時間は、上記の「常勤換算方法で2以上」多い配置を確保するための勤務時間数に含めることはできない**ので注意が必要です。ただし、人員基準上の看護職員配置のための勤務時間数には含めることができます。

中重度者ケア体制加算に必要な配置

2 中重度者の割合

- 「前3ヶ月」の直前の月は実績ではなく予測値で利用者を計算します。
    - ➡「解説　前3ヶ月の考え方」108頁を参照

- 「利用者の総数」の計算には、**要支援者は含めません**。計算には「利用実人員数」又は「利用延人員数」のどちらを用いても構いません。
  ➡具体的な計算方法は、「解説　要介護３以上の利用者の計算方法」109頁を参照
- 月途中で要介護状態区分が変更になった場合は、月末の要介護状態区分を用いて計算します。

3　社会性の維持のプログラム

- 「社会性の維持を図り在宅生活の継続に資するケアを計画的に実施するプログラム」とは、今まで利用者が築いてきた社会関係や人間関係を維持できるように、家庭や地域の中で生きがいや役割を持ち、生活できるような目標を通所介護計画（又は別の計画）に設定して、通所介護の提供を行うことをいいます。

> **注意！** 中重度者ケア体制加算と認知症加算を併せて算定する場合
> - 中重度ケア体制加算と認知症加算を併せて算定する場合、どちらも介護職員か看護職員について、人員基準に加えて「常勤換算方法で２以上」の配置が必要です。これは、**全体で２以上確保していれば、両方の加算の要件を満たす**ことになります。
> - 中重度ケア体制加算では専従の看護職員を、認知症加算では専従の認知症介護研修修了者を配置する必要がありますが、どちらも「専従」が要件で兼任ができません。したがって、看護職員を１人しか配置していない場合は、その看護職員が認知症介護研修修了者であったとしても、別に認知症介護研修修了者を配置する必要があります。

解説　看護職員・介護職員の計算方法

　看護職員、介護職員については、人員基準に加えて月全体で「常勤換算方法で2以上」の時間数を配置する必要があります。

〈計算例〉　定員18人、サービス提供時間が7時間、常勤の勤務すべき時間数が週40時間、営業日が月～金曜日の場合

		月	火	水	木	金	週合計
利用者数		18人	17人	19人	20人	15人	89人
必要時間数（a） （人員基準で確保すべき勤務延時間数）		11.2時間	9.8時間	12.6時間	14時間	7時間	54.6時間
実勤務時間数	職員A	8時間	8時間	8時間	8時間	8時間	40時間
	職員B	0時間	8時間	8時間	8時間	8時間	32時間
	職員C	7時間	7時間	7時間	7時間	7時間	35時間
	職員D	8時間	8時間	0時間	4時間	8時間	28時間
	合計（b）	23時間	31時間	23時間	27時間	31時間	135時間
加配時間数（b-a） （人員基準に加えて確保された勤務時間数）		11.8時間	21.2時間	10.4時間	13時間	24時間	80.4時間

例：月曜日の勤務時間

必要時間数（人員基準で確保すべき勤務延時間数）
（（利用者数18－15）÷5＋1）人×平均提供時間数7時間＝11.2時間
➡人員基準で確保すべき勤務延時間数は、第1章「解説　介護職員数の計算方法」18頁を参照

加配時間数（人員基準に加えて確保された勤務時間数）
（8＋7＋8）－11.2時間＝11.8時間

週全体の
加配時間数の80.4時間
÷常勤の勤務すべき時間数40時間＝2.01

> 常勤換算方法で2以上確保

※実際には暦月で計算してください。

※常勤換算方法については、第1章「解説　常勤換算方法」17頁を参照

第 2 章 介護報酬の算定要件

解説　前3ケ月の考え方

「前3ケ月」の直前の月は実績ではなく予測値で計算します。
　実績が出た時に予測値に達しているか確認して、算定要件を満たせないことが明らかになった場合は、加算算定を取り下げます。

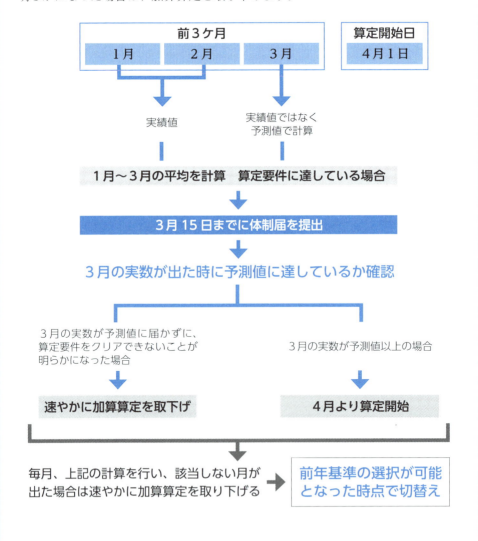

解説　要介護3以上の利用者の計算方法

「利用実人員」か「利用延人員」のどちらかで、要介護3以上の利用者の割合を計算して、30％以上であれば要件を満たします。

〈計算例〉　利用者が6人、そのうち要介護3の利用者は2人で、それぞれ以下の表の通り利用した場合

利用者 （6人）	要介護度	利用実績		
		1月	2月	3月
利用者A	要介護1	7回	4回	6回
利用者B	要介護2	7回	6回	7回
利用者C	要介護3 ★	6回	6回	6回
利用者D	要介護3 ★	12回	11回	12回
利用者E	要介護2	6回	5回	6回
利用者F	要介護2	10回	11回	10回
合計（＝利用延人員数）		48回	43回	47回
★うち要介護3以上合計		18回	17回	18回

1　利用実人員数による計算
・利用者の総数（利用者A～F）＝6人（1月）＋6人（2月）＋6人（3月）＝18人
・要介護3以上の数（利用者C，D）＝2人（1月）＋2人（2月）＋2人（3月）＝6人
　割合は6人÷18人≒33.3％　※小数点第2位以下切り捨て

2　利用延人員数による計算
・利用延人員数の総数＝48人（1月）＋43人（2月）＋47人（3月）＝138人
・要介護3以上の利用延人員数＝18人（1月）＋17人（2月）＋18人（3月）＝53人
　割合は53人÷138人≒38.4％　※小数点第2位以下切り捨て

1又は2のいずれかで要件（30％を超える）を満たせば加算は算定可能（計算例の場合は、いずれも30％を超えているため算定可能）。

(6) 生活機能向上連携加算

通所介護事業所の職員と外部の理学療法士等が連携して、機能訓練のマネジメントをした場合に算定する加算です。

生活機能向上連携加算（Ⅰ）	100単位／月
生活機能向上連携加算（Ⅱ）	200単位／月※

※個別機能訓練加算を算定している場合は100単位／月

生活機能向上連携加算（Ⅰ） 外部のリハビリテーション専門職等が通所介護事業所を訪問せずに、利用者の状態を把握し助言した場合に算定します。

〈チェック事項〉

1 外部の理学療法士との連携

- [ ] 理学療法士等は、外部から派遣されているか
- [ ] 事業所間で業務委託契約書はとりかわされているか

2 個別機能訓練計画の作成・実施

- [ ] 理学療法士等は利用者の状況を把握した上で機能訓練指導員等に助言を行っているか
- [ ] 理学療法士等の助言に基づき、事業所の機能訓練指導員等が共同してアセスメントを行い、計画を作成しているか
- [ ] 利用者ごとに計画が作成されているか
- [ ] 計画の目標は、利用者や家族の意向、担当ケアマネジャーの意見をふまえて策定されているか
- [ ] 身体機能又は生活機能向上を目的とする機能訓練の項目を準備し、機能訓練指導員等が計画的に機能訓練を実施しているか
- [ ] 個別機能訓練の記録を利用者ごとに保管しているか

1　外部の理学療法士との連携

- 「理学療法士等」とは、訪問リハビリテーション事業所、通所リハビリテーション事業所、リハビリテーションを実施している医療提供施設（病院[※]、診療所、介護老人保健施設、介護療養型医療施設、介護医療院）の理学療法士、作業療法士、言語聴覚士又は医師をいいます。理学療法士等は同一法人でも可能です。

  ※病院は、次の条件のいずれかに該当するものに限ります。
  - ・許可病床数が200床未満
  - ・病院の半径4km以内に診療所がない

- 理学療法士等の通所介護への助言等の依頼については、派遣元のデイケア等と業務委託契約書をとりかわして業務委託料を支払うことが想定されます。

2　個別機能訓練計画の作成・実施

- 「機能訓練指導員等」とは、機能訓練指導員、看護職員、介護職員、生活相談員、その他の職種の者をいいます。
- 外部の理学療法士等は、通所リハビリテーションなどの**サービス提供の場で、又はICTを活用したテレビ電話や動画等によって**、利用者の状態を把握した上で、**通所介護事業所の機能訓練指導員等に助言を行います**。
- 事業所では、外部の理学療法士等からの助言を受けることができる体制を構築して、助言を受けた上で、機能訓練指導員等が生活機能の向上を目的とした個別機能訓練計画を作成します。
- 目標については、利用者や家族の意向、担当ケアマネジャーの意見もふまえて作成し、できるだけ具体的でわかりやすい目標とします。
- 事業所では日々のサービス提供の中で計画的に機能訓練を実施します。個別機能訓練計画の作成だけで加算は算定できません。

3 モニタリング

- □ 3ケ月に1回以上、理学療法士等が機能訓練指導員等と共同で進捗状況等を評価しているか
- □ 機能訓練指導員等が利用者や家族に、個別機能訓練計画の内容や進捗状況等を説明しているか
- □ 説明の内容を記録し、訓練内容の見直しを実施しているか

4 他加算との関係ほか

- □ 算定は3ケ月に1回までとしているか
- □ 個別機能訓練加算を算定していないか
- □ 生活機能向上連携加算（Ⅱ）を算定していないか

3 モニタリング

- 3ヶ月に1回以上、個別機能訓練計画の進捗状況等について理学療法士等と共同で評価します。
- 機能訓練指導員等は、利用者や家族に個別機能訓練計画の内容と評価や進捗状況について説明し記録して、必要に応じて訓練内容の見直し等を行います。
- 各月における評価の内容や目標の達成状況については、機能訓練指導員等が利用者や家族、理学療法士等に報告・相談します。必要に応じて利用者や家族の意向を確認し、理学療法士等から必要な助言を得た上で、目標の見直しや訓練内容の変更などの対応を行います。
- 利用者や家族への説明については、テレビ電話などの会議・面談システム等を活用することもできますが、あらかじめ同意を得ておく必要があります。
- 個別機能訓練に関する記録（実施時間、訓練内容、担当者等）は、利用者ごとに保管し、常に機能訓練指導員等が閲覧できる状態にしておきます。

4 他加算との関係ほか

- 加算（Ⅰ）は、個別機能訓練計画にしたがって**個別機能訓練を提供した初回の月に限って算定が可能**で、その翌月と翌々月は算定できません。それ以降については、理学療法士等の助言により計画を見直した場合に限り、再度の算定が可能です。ただし、利用者の急性憎悪等により計画を見直した場合は、初回の翌月・翌々月でも算定可能です。
- 個別機能訓練加算を算定している場合は、本加算は算定できません。
- 加算（Ⅰ）と加算（Ⅱ）は同時に算定できません。

生活機能向上連携加算（Ⅱ） 外部のリハビリテーション専門職等が通所介護事業所を訪問して利用者の状態を把握し助言した場合に算定します。

〈チェック事項〉

1 外部の理学療法士との連携

- ☐ 理学療法士等は、外部から派遣されているか
- ☐ 事業所間で業務委託契約書はとりかわされているか

2 個別機能訓練計画の作成・実施

- ☐ 事前に外部の理学療法士等が通所介護事業所を訪問して、事業所の機能訓練指導員等と共同して計画を作成しているか
- ☐ 利用者ごとに計画は作成されているか
- ☐ 計画の目標は、利用者や家族の意向、担当ケアマネジャーの意見をふまえて策定されているか
- ☐ 身体機能又は生活機能向上を目的とする機能訓練の項目を準備し、機能訓練指導員等が計画的に機能訓練を実施しているか
- ☐ 個別機能訓練の記録を利用者ごとに保管しているか

3 モニタリング

- ☐ ３ケ月に１回以上、外部の理学療法士等が通所介護事業所を訪問して、機能訓練指導員等と共同で進捗状況等を評価しているか
- ☐ 機能訓練指導員等が利用者や家族に、個別機能訓練計画の内容や進捗状況等を説明しているか
- ☐ 説明の内容を記録し、訓練内容の見直しを実施しているか

4 他加算との関係ほか

- ☐ 個別機能訓練加算を算定している場合は100単位／月で算定しているか
- ☐ 生活機能向上連携加算（Ⅱ）を算定していないか

1 外部の理学療法士との連携

- 生活機能向上連携加算（Ⅰ）の「1 外部の理学療法士との連携」111頁を参照してください。

2 個別機能訓練計画の作成・実施

- 「機能訓練指導員等」とは、機能訓練指導員、看護職員、介護職員、生活相談員、その他の職種の者をいいます。
- 加算（Ⅱ）では、外部の理学療法士等が**通所介護事業所を訪問し**、事業所の機能訓練指導員等と共同して、利用者のアセスメント、身体の状況等の評価、個別機能訓練計画の作成を行います。
- その際に外部の理学療法士等は、機能訓練指導員等に日常生活上の留意点、介護の工夫等に関する助言を行います。ポイントは、**理学療法士等が計画を作成するのではなく、アドバイスすることが主な役割**であることです。アセスメントから計画の作成は通所介護事業所の職員が中心となって行います。
- 個別機能訓練加算を算定している場合は、別に個別機能訓練計画を作成する必要はなく、通常の多職種共同での計画の作成過程に外部の理学療法士等が加わって助言します。
- 目標については、利用者や家族の意向、担当ケアマネジャーの意見もふまえて作成し、できるだけ具体的でわかりやすい目標とします。
- 事業所では日々のサービス提供の中で計画的に機能訓練を実施します。個別機能訓練計画の作成だけで加算は算定できません。

3 モニタリング

- 3ヶ月に1回以上、個別機能訓練計画の進捗状況等について外部の理学療法士等と共同で評価します。加算（Ⅱ）の場合は、共同の評価にあたって、理学療法士等が通所介護事業所を訪問することが要件になっています。
- 機能訓練指導員等は、利用者や家族に個別機能訓練計画の内容と評価や進捗状況について説明し記録して、必要に応じて訓練内容の見直し等を行います。

- 各月における評価の内容や目標の達成状況については、機能訓練指導員等が利用者や家族、理学療法士等に報告・相談します。必要に応じて利用者や家族の意向を確認し、理学療法士等から必要な助言を得た上で、目標の見直しや訓練内容の変更などの対応を行います。
- 個別機能訓練に関する記録（実施時間、訓練内容、担当者等）は、利用者ごとに保管し、常に機能訓練指導員等が閲覧できる状態にしておきます。

4 他加算との関係ほか

- 個別機能訓練加算を算定している場合は、1月につき100単位を加算します。
- 加算（Ⅰ）と加算（Ⅱ）は同時に算定できません。

> **ポイント▶個別機能訓練加算との違いは2点**
>
> 　個別機能訓練加算との大きな違いは、この加算は外部の理学療法士等のアドバイスを得ることが必要であることと、個別機能訓練加算にある職員による3ケ月ごとの利用者の居宅訪問が要件にないことの2点です。
> 　それ以外の通所介護の職員が行うべき業務である書類作成、機能訓練の実施、記録の作成、報告などは、2つの加算でほとんど同じです。

3 加算　(6) 生活機能向上連携加算

個別機能訓練計画なしで個別機能訓練加算を算定
平成25年4月　指定効力の停止

行政処分の理由

個別機能訓練加算Ⅰと口腔機能向上加算について、計画を作成せず、サービスの提供等を行わないまま介護報酬を請求・受領し、計画・記録等をねつ造して監査時に提出した。

不正のポイント

▶個別機能訓練計画を作成せずに個別機能訓練加算を算定

この事例の問題は、個別機能訓練加算の算定要件である個別機能訓練計画が未作成であったことです。加算の算定に計画作成は必須です。

そのほか個別機能訓練計画に関する留意点として、利用者の同意があります。個別機能訓練計画は、作成して利用者に説明し、同意を得た日から有効となるため、ケアマネジャーからのサービス提供票では利用当日から加算が位置づけられていても、計画の同意が得られていなければ算定できません。例えば、1日からサービス利用を開始し、計画の説明同意が7日であったなら、加算の算定は7日からとなります。このような誤りによる介護報酬の返還は後を絶たないので注意が必要です。

計画書は一度作ればよいのではなく、**3ケ月ごとに見直しが必要**です。言い換えると、有効期限は3ケ月であり、3ケ月が経過した日でその計画書は失効して、**次の計画書が説明同意されるまでの期間は加算を算定できません。**

また、**個別機能訓練計画は多職種共同での作成が求められる**ので、機能訓練指導員だけで作成された計画は不可となります。個別機能訓練計画書の余白部分に他の職種の印鑑が押されているケースをよく見かけますが、これでは不十分です。日々の業務日誌などに多職種の者が計画の検討を行った記録を記載するか、その議事録を作成しておくことが望ましいでしょう。

> 加算の算定は個別機能訓練計画の同意の日から！
> 個別機能訓練計画は3ケ月ごとに見直していますか？

(7) 個別機能訓練加算

利用者の状況に応じた個別的な機能訓練を評価する加算で、身体機能の向上をめざすものです。加算（Ⅱ）は加算（Ⅰ）イ・ロのいずれかに上乗せして算定します。

個別機能訓練加算（Ⅰ）イ	56単位／日
個別機能訓練加算（Ⅰ）ロ	76単位／日
個別機能訓練加算（Ⅱ）	20単位／月

個別機能訓練加算（Ⅰ）イ・ロ

〈チェック事項〉

1 人員配置等

- ☐ 機能訓練指導員の配置
  加算（Ⅰ）イ
  - ☐ 理学療法士等である専従の機能訓練指導員を1人以上配置しているか

  加算（Ⅰ）ロ
  - ☐ 理学療法士等である専従の機能訓練指導員を2人以上配置しているか
- ☐ 日ごとの機能訓練指導員の配置人数を事前に利用者とケアマネジャーに通知しているか
- ☐ 定員超過利用減算、人員基準欠如減算の要件に該当していないか

1 人員配置等

- 「理学療法士等」とは、理学療法士、作業療法士、言語聴覚士、看護職員、柔道整復師、あん摩マッサージ指圧師、はり師・きゅう師※をいいます。

  ※はり師・きゅう師については、理学療法士、作業療法士、言語聴覚士、看護職員、柔道整復師、あん摩マッサージ指圧師の資格を持った機能訓練指導員を配置した事業所で6ケ月以上機能訓練指導に従事した経験がある者に限られます。

3 加算 (7) 個別機能訓練加算

加算（Ⅰ）イ
- **専従の機能訓練指導員として理学療法士等を1人以上配置する**必要があります。
- **機能訓練指導員には「常勤」の算定要件がありません。** なお、看護師を午前中は看護職員、午後から機能訓練指導員として配置した場合も算定可能です。

加算（Ⅰ）ロ
- 加算（Ⅰ）イの要件である機能訓練指導員とは別に、**専従の機能訓練指導員1人を加えて配置した時間帯は、加算（Ⅰ）ロを算定**します。
- 機能訓練指導員について2人の配置がなく1人配置の時間は、加算（Ⅰ）イであれば算定することができます。ただし、日々の機能訓練指導員の配置人数・時間を事前に利用者とケアマネジャーに通知していることが要件となります。

個別機能訓練加算（Ⅰ）イに必要な配置

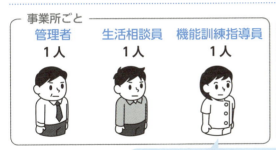
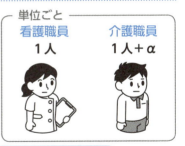

他の職務との兼務NG！
常勤職員でなくてもOK
サービス提供時間帯を通じて配置されてなくてもOK

個別機能訓練加算（Ⅰ）ロに必要な配置

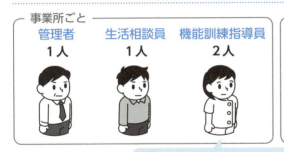
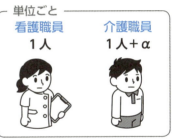

算定できるのは
2人が配置されている時間だけ！

2 個別機能訓練計画の作成

- [ ] 事前に機能訓練指導員等が利用者の居宅を訪問した上で、計画を作成しているか
- [ ] 機能訓練指導員等が共同して作成しているか
- [ ] 利用者ごとに計画を作成しているか

3 個別機能訓練の実施

- [ ] 個別機能訓練計画に基づき、生活機能向上を目的とする機能訓練の項目を準備しているか
- [ ] 計画に基づいて、計画的に機能訓練を実施しているか
- [ ] おおむね週1回以上実施しているか
- [ ] 5人程度かそれ以下の小集団で機能訓練指導員が直接、機能訓練を実施しているか

4 モニタリング

- [ ] 3ケ月に1回以上、機能訓練指導員等が利用者の居宅を訪問した上で、利用者や家族に個別機能訓練計画の進捗等を説明しているか
- [ ] 訪問の内容を記録し、訓練計画の見直しを実施しているか

5 個別機能訓練の記録

- [ ] 個別機能訓練の記録を利用者ごとに保管しているか
- [ ] 個別機能訓練の従事者が閲覧できるようになっているか

2 個別機能訓練計画の作成

- **機能訓練指導員等が利用者の居宅を訪問して**、利用者の居宅での生活状況（起居動作、ADL、IADL等）を確認した上で計画を作成します。
- 機能訓練指導員、看護職員、介護職員、生活相談員、その他の職種の者が共同して、利用者ごとの個別機能訓練計画を作成します。

3 個別機能訓練の実施

- 機能訓練を計画的・継続的に行う必要があることから、**おおむね週1回以上実施することがめやすになります。**
- 機能訓練は、**個別に行うか、類似の目標で同様の訓練内容が設定された5人程度かそれ以下の小集団**で行う必要があります。
- 機能訓練は、機能訓練指導員が直接行う必要があり、介護職員等の代行は不可です。
- 専従の機能訓練指導員が特定の曜日にしかいない場合は、配置する曜日をあらかじめ定めておき、利用者や居宅介護支援事業者に事前に周知する必要があります。

4 モニタリング

- **3ヶ月に1回以上の頻度で機能訓練指導員等が利用者の居宅を訪問し**、利用者の居宅での生活を確認した上で、利用者又は家族に機能訓練の内容、評価や進捗状況を説明します。
- 訪問の内容を記録するとともに、機能訓練の見直しを行います。
- 利用者の居宅を訪問する機能訓練指導員等とは、次の者をいいます。
    - a 機能訓練指導員である理学療法士、作業療法士、言語聴覚士、看護職員、柔道整復師、あん摩マッサージ指圧師、はり師・きゅう師※

        ※はり師・きゅう師については、理学療法士、作業療法士、言語聴覚士、看護職員、柔道整復師、あん摩マッサージ指圧師の資格を持った機能訓練指導員を配置した事業所で6ヶ月以上機能訓練指導に従事した経験がある者に限られます。
    - b 看護職員
    - c 介護職員
    - d 生活相談員

e　その他の個別機能訓練計画を共同作成する者
- 利用者や家族への説明については、テレビ電話などを活用して行うこともできますが、その場合は、あらかじめ同意を得ておく必要があります。

5 個別機能訓練の記録

- 個別機能訓練に関する日々の記録には、最低でも「機能訓練の目標」「目標をふまえた訓練項目」「実施時間」「訓練内容」「担当者」等を記載します。
- 個別機能訓練に関する記録は利用者ごとに保管し、常に機能訓練指導員等が閲覧できる状態にしておきます。

> **注意！** 利用者の居宅を訪問している時間帯の考え方
>
> 　個別機能訓練計画を作成するために利用者の居宅を訪問している時間について、人員配置基準上で確保すべき勤務延時間数に含めるか否かの判断は、職種によって違います。
> 　機能訓練指導員は、個別機能訓練の実施に支障がない範囲であれば、配置されているとみなされ、勤務延時間数に含めることができます。生活相談員は、利用者の居宅を訪問して在宅での生活状況を確認したり、利用者の家族も含めた相談・援助に対応している場合は、勤務延時間数に含めることができます。
> 　一方、介護職員の場合は、確保すべき勤務延時間数に含めることができないので注意が必要です。
> 　看護職員は、利用者の居宅を訪問する看護職員とは別に看護職員が確保されていない場合、利用者の居宅を訪問する看護職員は、その訪問している時間帯を通じて事業所と密接かつ適切な連携を図る必要があります。

3 加算 (7) 個別機能訓練加算

実際には勤務していない機能訓練指導員を配置
平成 23 年 3 月　指定取消し

行政処分の理由　不正請求

- 理学療法士等を配置していない、また個別機能訓練計画の作成等を行っていない状態で利用者に個別機能訓練を実施した。
- 当該法人と無関係の病院で常勤で勤務している看護師を、指定時に通所介護の常勤の看護職員兼機能訓練指導員であると届け出て指定を受けた。

不正のポイント

▶実際には勤務していない看護職員兼機能訓練指導員を常勤と装った

　この事例は、実際には勤務していない看護職員兼機能訓練指導員を常勤と装ったものです。偽装については言語道断ですが、機能訓練指導員の配置に関する指導は多く見られるものです。

　まず個別機能訓練加算では、機能訓練指導員の配置は「専従」が求められています（専従については、第 1 章「解説　常勤と非常勤、専従と兼務」14 頁を参照）。

　個別機能訓練加算では、機能訓練指導員が直接に個別機能訓練を行うことが必須であり、グループで個別機能訓練を行う場合は、同じ改善目標とプログラムを必要とする利用者でしかグループを組むことができない点に留意する必要があります。

　また、**個別機能訓練加算は、算定要件に定められた人数の機能訓練指導員を配置した時間帯しか算定できない**ため、**前月のうちに機能訓練指導員の配置予定日や時間をケアマネジャーと利用者の両方に通知しなければなりません**。通知したことの記録の保管も必須です。

　これらの要件の 1 つでも欠けた場合は、個別機能訓練加算は算定できないので注意が必要です。

個別機能訓練加算を算定する場合は、機能訓練指導員の配置に要注意！

個別機能訓練加算（Ⅱ）　加算（Ⅱ）は、加算（Ⅰ）イ・ロのいずれかに上乗せして算定します。

〈チェック事項〉

1 加算（Ⅰ）の要件

- [ ] 次のいずれかの要件を満たしているか
    - [ ] 個別機能訓練加算（Ⅰ）イの要件
    - [ ] 個別機能訓練加算（Ⅰ）ロの要件

2 LIFEへの情報の提出・活用

- [ ] 個別機能訓練計画の作成・変更時にLIFEにデータを提供しているか
- [ ] 3ケ月に1回以上の頻度でLIFEにデータを提供しているか
- [ ] フィードバックを受けて、その情報を活用しているか

1 加算（Ⅰ）の要件

- 加算（Ⅱ）を算定するには、**加算（Ⅰ）イか加算（Ⅰ）ロの要件を満たしている必要があります。**
    → 要件の詳細については、「個別機能訓練加算（Ⅰ）イ・ロ」118頁を参照

2 LIFEへの情報の提出・活用

- **LIFE（科学的介護情報システム）により厚生労働省に利用者の個別機能訓練計画書の情報を提出・活用する**ことが本加算の要件となっています。
    → 情報提出の時期は、「解説　LIFEへの情報の提出頻度」125頁を参照

解説　LIFE への情報の提出頻度

　LIFE（科学的介護情報システム）は、介護施設・事業所で記録されているさまざまな情報のうち、利用者の状態やケアの計画・内容などに関する情報を収集し、蓄積した全国のデータに基づいてフィードバックを提供するシステムで、2021 年より導入されました。LIFE への情報提供が算定要件とされている加算がいくつかありますが、その提出頻度は加算によって異なります。

　以下に各加算の LIFE への情報の提出頻度をまとめています。

(1) 個別機能訓練加算（Ⅱ）

　利用者ごとに、a 〜 c の月の翌月 10 日までに提出します。

	情報提出頻度	提出情報の時点
a	新規に個別機能訓練計画の作成を行った月	作成時の情報
b	個別機能訓練計画の変更を行った月	変更時の情報
c	a 又は b のほか、少なくとも 3 ケ月に 1 回	前回提出時以降の情報

(2) ADL 維持等加算

　利用者ごとに、a・b の月の翌月 10 日までに提出します。

情報提出頻度
a　評価対象利用開始月
b　評価対象利用開始月の翌月から 6 ケ月目※

※評価対象利用開始月の翌月から 6 ケ月目にサービスの利用がない場合は、サービスの利用があった最終の月

(3) 栄養アセスメント加算

　利用者ごとに、a・b の月の翌月 10 日までに提出します。

	情報提出頻度	提出情報の時点
a	栄養アセスメントを行った月	アセスメント実施時点の情報
b	a のほか、少なくとも 3 ケ月に 1 回	前回提出時以降の情報

(4) 口腔機能向上加算（Ⅱ）

個別機能訓練加算（Ⅱ）と同じ（「(1)個別機能訓練加算（Ⅱ）」を参照）

(5) 科学的介護推進体制加算

利用者ごとに、a～dの月の翌月10日までに提出します。

	情報提出頻度	提出情報の時点
a	加算の算定開始月にサービスを利用している利用者（既利用者等）：算定の開始月	算定開始時の情報
b	加算の算定開始月の翌月以降にサービスを開始した利用者（新規利用者）：サービスの利用開始月	サービスの利用開始時の情報
c	a又はbのほか、少なくとも3ケ月に1回	前回提出時以降の評価時点の情報
d	サービス利用の終了月	サービスの利用終了時における情報

> **ポイント　データ提出のタイミングはそろえられる！**
>
> 　LIFEへのデータ提出については、算定する加算によって入力のタイミングが違うなど、管理が煩雑であることが問題視されていたことから、令和6年度の介護報酬改定において、データ提出頻度が「少なくとも3ケ月に1回」に統一されました。これにより、**科学的介護推進体制加算の提出サイクルが6ケ月から3ケ月に変更**されています。
>
> 　また、同一利用者に複数の加算を算定する場合にデータ提出の時期を統一できるように、一定の条件の下で提出期限を猶予されます。
>
> 　具体的には、科学的介護推進体制加算の新規利用者については、月末よりサービス利用を開始する場合で利用者の評価を行う時間が確保できない場合などは、利用開始月の翌々月の10日までに提出することも認められています。これによって、他の加算と評価やデータ提出のタイミングをそろえることができます。その場合、その利用者については、利用開始月のサービス提供分は算定できません。

3 加算 解説 LIFEへの情報の提出頻度

> **注意！** ▶ 情報の提出ができない場合
>
> 　情報を提出すべき月に情報の提出ができない場合は、ただちに都道府県等に届出を提出しなければなりません。その場合、情報が提出できないという事実が生じた月のサービス提供分から情報の提出が行われた月の前月までの間、利用者全員について加算の算定ができません。
>
> 　例えば、4月の情報を5月10日までに提出できない場合は、ただちに届出の提出が必要で、4月サービス提供分から加算の算定ができないことになります。
>
> | | 4月 | 5月 |
> |---|---|---|
> | 通常のデータ提出スケジュール | 4月サービス提供分データ登録期間 → | 5/10 ★ |
> | 4月の情報を提出できない場合 | ←加算算定不可→ 届出の実施 → | 5/10 ✖ |

(8) ADL 維持等加算

通所介護を一定期間利用した人について、ADL（日常生活動作）の維持・改善の度合いが一定の水準を超えた場合に算定します。

ADL 維持等加算（Ⅰ）	30 単位／月
ADL 維持等加算（Ⅱ）	60 単位／月

〈チェック事項〉

1 対象者・ADL 評価の実施

- ☐ 評価対象者（利用期間６ケ月以上の利用者）の総数が 10 人以上か
- ☐ 評価対象者全員について、利用開始月とその月の翌月から６ケ月目に ADL 値を測定しているか
- ☐ ADL の評価は、一定の研修を受けた者が Barthel Index を用いて行っているか
- ☐ 測定月ごとに評価対象者全員の ADL 値を LIFE で提出しているか
- ☐ 評価対象者の調整済 ADL 利得が次に該当するか
  - **加算（Ⅰ）** ☐ 調整済 ADL 利得の平均が１以上
  - **加算（Ⅱ）** ☐ 調整済 ADL 利得の平均が３以上

2 算定期間等

- ☐ 評価対象期間満了月の翌月から 12 ケ月に限り算定しているか
- ☐ 加算（Ⅰ）と加算（Ⅱ）を同時に算定していないか

1 対象者・ADL 評価の実施

- 本加算の算定にあたっては、**事業所を 6 ケ月以上利用している利用者（評価対象者）の総数が 10 人以上いること**が必要です。
- 途中でサービスを利用しない月があったとしても、その月を除いて 6 ケ月以上サービスを利用していれば評価対象者に含まれます。
- **事業所の利用開始月と、利用開始月の翌月から起算して 6 ケ月目に ADL 値を測定**します。6 ケ月目にサービスの利用がない場合は、サービスの利用があった最終の月とします。
- ADL の評価は一定の研修を受けた者が Barthel Index（BI）を用いて行い、その評価に基づく値（ADL 値）を測定します。評価する者が受ける「研修」は、さまざまな主体が実施する BI の測定方法の研修のほか、厚生労働省が作成する BI のマニュアルや測定の動画等で測定方法を学習することも含まれます。
  → Barthel Index については、「参考　Barthel Index（バーセルインデックス）」130 頁を参照
- **ADL 値の提出は、LIFE（科学的介護情報システム）を用いて行います。**
  → 提出の時期は、「解説　LIFE への情報の提出頻度」125 頁を参照
- 評価対象者の調整済 ADL 利得について、加算（Ⅰ）の場合は平均が 1 以上、加算（Ⅱ）の場合は 3 以上である必要があります。
  → 調整済 ADL 利得については、「解説　調整済 ADL 利得の平均」131 頁を参照

2 算定期間等

- 評価対象期間は加算算定の届出日から 12 ケ月後までの期間です。その期間の満了月の翌月から 12 ケ月以内に限り算定可能です。
- 令和 6 年度については、令和 6 年 3 月以前より加算（Ⅱ）を算定している場合、ADL 利得の値にかかわらず、評価対象期間満了月の翌月から 12 ケ月に限り算定を継続することができます。

参考　Barthel Index（バーセルインデックス）

　食事、車いすからベッドへの移乗、整容などの10項目から構成されるADLの評価指標です。各項目について「自立」、「部分介助」、「全介助」の3段階で評価し、100点満点としています。

項目	点数	判定基準
食事	10点	自立、手の届くところに食べ物を置けば、トイレあるいはテーブルから1人で摂食可能、必要なら介助器具をつけることができ、適切な時間食事が終わる
	5点	食べ物を切る等、介助が必要
	0点	全介助
移乗	15点	自立、車椅子で安全にベッドに近づき、ブレーキをかけ、フットレストを上げてベッドに移り、臥位になる。再び起きて車椅子を適切な位置に置いて、腰掛ける動作がすべて自立
	10点	どの段階かで、部分介助あるいは監視が必要
	5点	座ることはできるが、移動は全介助
	0点	全介助
整容	5点	自立（洗面、歯磨き、整髪、ひげそり）
	0点	全介助
トイレ動作	10点	自立、衣服の操作、後始末を含む。ポータブル便器を用いているときは、その洗浄までできる
	5点	部分介助、体を支えたり、トイレットペーパーを用いることに介助
	0点	全介助
入浴	5点	自立（浴槽につかる、シャワーを使う）
	0点	全介助
歩行	15点	自立、45m以上平地歩行可、補装具の使用はかまわないが、車椅子、歩行器は不可
	10点	介助や監視が必要であれば、45m平地歩行可
	5点	歩行不能の場合、車椅子をうまく操作し、少なくとも45mは移動できる
	0点	全介助
階段昇降	10点	自立、手すり、杖などの使用はかまわない
	5点	介助または監視を要する
	0点	全介助
着替え	10点	自立、靴、ファスナー、装具の着脱を含む
	5点	部分介助を要するが、少なくとも半分以上の部分は自分でできる。適切な時間内にできる
	0点	全介助
排便コントロール	10点	失禁なし、浣腸、座薬の取り扱いも可能
	5点	時に失禁あり、浣腸、座薬の取り扱いに介助を要する
	0点	全介助
排尿コントロール	10点	失禁なし
	5点	時に失禁あり、収尿器の取り扱いに介助を要する場合も含む
	0点	全介助

出典：「介護予防マニュアル【第4版】」（令和4年3月）エビデンスを踏まえた介護予防マニュアル改訂委員会、株式会社野村総合研究所　エビデンスを踏まえた介護予防マニュアル改訂に関する研究事業

解説　調整済 ADL 利得の平均

　ADL 維持等加算においては、評価対象者の調整済 ADL 利得について、加算（Ⅰ）の場合は平均が 1 以上、加算（Ⅱ）の場合は平均が 3 以上という要件があります。

　この「調整済 ADL 利得の平均」の求め方は、次の通りになります。

●調整済 ADL 利得

　「調整済 ADL 利得」とは、利用開始時の ADL 値や要介護認定の状況に応じた調整値を加えた ADL 利得のことをいいます。

　具体的には、「評価対象利用開始月の翌月から起算して 6 ケ月目の月の ADL 値」から「評価対象利用開始月の ADL 値」を引いて、次の表の評価対象利用開始月に測定した ADL 値（左欄）に応じて右欄の「調整値」を加えた値になります。

評価対象利用開始月に測定した ADL 値	調整値
ADL 値が 0 以上 25 以下	1
ADL 値が 30 以上 50 以下	1
ADL 値が 55 以上 75 以下	2
ADL 値が 80 以上 100 以下	3

●調整済 ADL 利得の平均

　加算の要件となる「調整済 ADL 利得の平均」は、利用者全員の平均ではなく、ADL 利得の多い順に上位 10％と下位 10％を除いた利用者で計算します。つまり、「調整済 ADL 利得」の値の上位と下位のそれぞれ 1 割の利用者を除いた、8 割の利用者で平均を計算します。

(9) 認知症加算

　介護が必要な認知症の利用者に通所介護を行った場合に1日60単位を算定します。加算算定の対象は日常生活自立度Ⅲ以上の利用者のみとなります。

認知症加算	60単位／日

〈チェック事項〉

1 人員配置等

- □ 人員基準に規定する介護職員・看護職員の員数に加えて、看護職員又は介護職員を常勤換算方法で2以上確保しているか
- □ サービス提供時間帯を通じて、認知症介護研修修了者を専従で1人以上配置しているか
- □ 職員に対して認知症ケアに関する事例検討や技術的指導についての会議を定期的に開催しているか

2 認知症利用者の割合

- □ 前年度又は前3ケ月間の利用者の総数のうち、日常生活に支障を来す症状・行動があるため介護が必要な認知症の利用者の割合が15％以上であるか

3 認知症症状緩和のためのプログラム

- □ 認知症の症状の進行の緩和のためのケアを計画的に実施するプログラムを作成しているか

4 他加算との関係

- □ 若年性認知症利用者受入加算を算定していないか

1 人員配置等

- 中重度者ケア体制加算と同じで、介護職員か看護職員のどちらかにつき、人員基準に加えて「常勤換算方法で2以上」多い配置が必要です。
  ➡ 計算方法については、「解説　看護職員・介護職員の計算方法」107頁を参照
- 中重度者ケア体制加算と同時に算定する場合は、**全体で2以上確保していれば両方の加算の要件を満たすことになります。**
  ➡ 「注意！　中重度者ケア体制加算と認知症加算を併せて算定する場合」106頁を参照
- 通常の配置職員か常勤換算で2以上確保の職員のどちらかで、サービス提供時間帯を通じて、**専従の認知症介護研修修了者を1人以上**配置します。
- 認知症介護研修修了者とは、次の研修を修了した者をいいます。
  - a　認知症介護指導者養成研修
  - b　認知症介護実践リーダー研修
  - c　認知症介護実践者研修
  - d　日本看護協会認定看護師教育課程「認知症看護」の研修
  - e　日本看護協会が認定している看護系大学院の「老人看護」及び「精神看護」の専門看護師教育課程
  - f　日本精神科看護協会が認定している「精神科認定看護師」(認定証が発行されている者のみ)

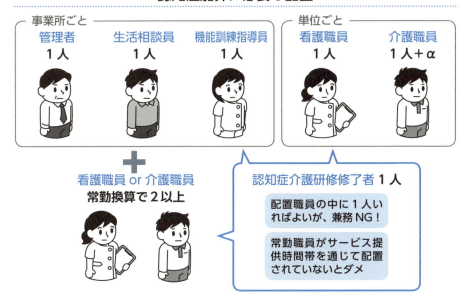

認知症加算に必要な配置

- 認知症介護研修修了者が配置されていない日には、本加算は算定できません。逆に、利用者の中に本加算対象者がいない日であれば、配置は不要です。
- 「認知症ケアに関する事例検討や技術的指導についての会議」は、ビデオ通話が可能なツールを使ってオンライン形式で行うことも可能です。

2 認知症利用者の割合

- 「前３ケ月」の直前の月は実績ではなく予測値で利用者を計算します。
  ➡「解説　前３ケ月の考え方」108頁を参照
- 「日常生活に支障を来す症状・行動があるため介護が必要な認知症の利用者」とは、**日常生活自立度Ⅲ以上の認知症の利用者**をいいます。
- 「認知症の利用者の割合が15％以上」は、具体的には、次の計算式のどちらかの値が0.15を超えていることが必要ですが、有利な方を選択できます。
  a　利用実人員数÷認知症高齢者の日常生活自立度Ⅲ以上の利用実人員数
  b　利用延人員数÷認知症高齢者の日常生活自立度Ⅲ以上の利用延人員数
  ➡「利用実人員数」「利用延人員数」の考え方については、「解説　要介護３以上の利用者の計算方法」109頁を参照
- 認知症高齢者の日常生活自立度の判定は、最新の医師の判定結果又は主治医意見書によって判断して、通所介護計画書に記載します。
  　医師の判定がない場合は、認定調査員が記入した「認定調査票」の「認知症高齢者の日常生活自立度」欄の記載を用います。
  ➡「参考　認知症高齢者の日常生活自立度判定基準」135頁を参照

3 認知症症状緩和のためのプログラム

- 「認知症の症状の進行の緩和のためのケアを計画的に実施するプログラム」とは、認知症症状の進行緩和に資するケアを行うなどの目標を通所介護計画（又は別途作成する計画）に設定して、通所介護サービスを行うことをいいます。
- 「別途作成する計画」とは、利用者の認知症症状の進行の緩和に資するケアを行うなどの目標とその目標を達成するために作成される計画をいいます。

4 他加算との関係

- 中重度者ケア体制加算との同時算定は可能ですが、**若年性認知症利用者受入加算との同時算定はできません。**

参考　認知症高齢者の日常生活自立度判定基準

ランク	判定基準	見られる症状・行動の例
Ⅰ	何らかの認知症を有するが日常生活は家庭内及び社会的にほぼ自立している。	
Ⅱ	日常生活に支障を来すような症状・行動や意思疎通の困難さが多少見られても、誰かが注意していれば自立できる。	
Ⅱa	家庭外で上記Ⅱの状態が見られる。	たびたび道に迷うとか、買物や事務、金銭管理などそれまでできたことにミスが目立つ等
Ⅱb	家庭内でも上記Ⅱの状態が見られる。	服薬管理ができない、電話の応対や訪問者との応対など一人で留守番ができない等
Ⅲ	日常生活に支障を来すような症状・行動や意思疎通の困難さが時々見られ、介護を必要とする。	
Ⅲa	日中を中心として上記Ⅲの状態が見られる。	着替え、食事、排便・排尿が上手にできない・時間がかかる やたらに物を口に入れる、物を拾い集める、徘徊、失禁、大声・奇声を上げる、火の不始末、不潔行為、性的異常行為等
Ⅲb	夜間を中心として上記Ⅲの状態が見られる。	ランクⅢaに同じ
Ⅳ	日常生活に支障を来すような症状・行動や意思疎通の困難さが頻繁に見られ、常に介護を必要とする。	ランクⅢに同じ
M	著しい精神症状や周辺症状あるいは重篤な身体疾患が見られ、専門医療を必要とする。	せん妄、妄想、興奮、自傷・他害等の精神症状や精神症状に起因する問題行動が継続する状態等

出典：「認知症高齢者の日常生活自立度判定基準」の活用について（平成5年10月26日老健第135号）厚生省老人保健福祉局長通知

(10) 若年性認知症利用者受入加算

若年性認知症利用者に対して、利用者の特性やニーズに応じた通所介護を行った場合、1日につき60単位を加算します。

若年性認知症利用者受入加算	60単位／日

〈チェック事項〉

1 対象者

☐ 対象者は次のどちらにも該当しているか
- a　若年性認知症の診断を受けている
- b　第2号被保険者である

2 サービスの提供

☐ 若年性認知症利用者ごとに個別に担当者を定めているか
☐ 利用者の特性やニーズに応じた適切なサービスを提供しているか

3 他加算との関係

☐ 認知症加算を算定していないか

1 対象者

- 本加算の対象となるのは、医師から**若年性認知症の診断を受けている利用者**で、**かつ第2号被保険者**です。
- 当初認定（更新を含む）を受けた際の主治医意見書等による確認が必要となります。
- 若年性とは、40歳以上65歳未満のことをいいますので、利用者の65歳の誕生日の前々日まで算定が可能です。

2 サービスの提供

- 受け入れた若年性認知症利用者ごとに個別に担当者を定め、その担当者を中心に、利用者の特性やニーズに応じたサービス提供を行うこととされています。
- 担当者は複数の利用者を担当することも可能で、資格や人数などは問いません。
- 利用者がサービスを受ける時に担当者が出勤していなくても算定は可能です。

3 他加算との関係

- **認知症加算**を算定している場合は、算定できません。

(11) 栄養アセスメント加算

管理栄養士等の連携による栄養アセスメントの取組みを評価する加算です。

栄養アセスメント加算	50単位／月

〈チェック事項〉

1 人員配置等

☐ 事業所の従業者又は外部との連携で管理栄養士を1人以上配置しているか

2 栄養アセスメント

☐ 管理栄養士等が共同して、利用者ごとに栄養アセスメントを実施しているか

☐ 栄養アセスメントは3ケ月に1回以上実施して、毎月利用者の体重を測定しているか

☐ 利用者や家族に栄養アセスメントの結果を説明し、相談等に対応しているか

☐ 利用者ごとの栄養状態等の情報をLIFEに提供しているか

☐ 栄養管理の実施にあたって、LIFEへの提供情報、フィードバック情報を活用しているか

3 他加算との関係

☐ 栄養改善加算、口腔・栄養スクリーニング加算（Ⅰ）を算定していないか

☐ 定員超過利用減算、人員基準欠如減算の要件に該当していないか

1 人員配置等

- 事業所の従業者として管理栄養士を配置するか、次の外部機関との連携により、**管理栄養士を1人以上配置**する必要があります。
    - a 他の介護事業所（栄養アセスメント加算の対象事業所のみ）
    - b 医療機関
    - c 介護保険施設（栄養マネジメント強化加算の算定に必要な人数以上の管理栄養士を配置しているか、常勤の管理栄養士を1人以上配置している施設のみ）
    - d 栄養ケア・ステーション（日本栄養士会か都道府県栄養士会が設置・運営するもの）

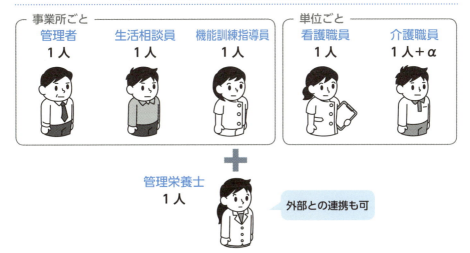

栄養アセスメント加算に必要な配置

2 栄養アセスメント

- 「管理栄養士等」とは、管理栄養士、看護職員、介護職員、生活相談員、その他の職種などの者をいいます。

- 栄養アセスメントについては**3ケ月に1回以上**、次の手順により行います。あわせて、利用者の体重については毎月、測定します。
    - a 利用開始時に利用者ごとの低栄養状態のリスクを把握する
    - b 管理栄養士等が共同して、利用者ごとの摂食・嚥下機能や食形態にも配慮しつつ、解決すべき栄養管理上の課題の把握を行う
    - c 上記a・bの結果を利用者や家族に説明し、必要に応じて栄養食事相談、情報提供等を行う
    - d 低栄養状態の（おそれのある）利用者については、ケアマネジャーと情報を共有し、栄養改善サービス（栄養改善加算）の提供を検討するように依頼する
- **利用者ごとの栄養状態等の情報をLIFEに提出**し、栄養管理の実施にあたって、**フィードバックされた情報を活用**していることが要件です。
    ➡ 提出の時期は、「解説　LIFEへの情報の提出頻度」125頁を参照

3 他加算との関係

- 栄養改善加算、口腔・栄養スクリーニング加算（Ⅰ）との併算定は不可です。
- 原則として、利用者が栄養改善加算の栄養改善サービスを受けている間と栄養改善サービスの終了月は、本加算は算定しません。ただし、栄養アセスメントの結果、栄養改善サービスの提供が必要とされた場合は、本加算の算定月でも栄養改善加算を算定することができます。

3 加算　（11）栄養アセスメント加算

指導事例 11

アセスメントの記録がない
平成 26 年 8 月　指定取消し

行政処分の理由

利用者の個人別記録等に、心身の状況や通院の記録、体調不良等サービスの利用状況を把握するために記載すべき事項を記録していなかった。

不正のポイント

▶通所介護計画がアセスメントをふまえて作成されていない

法令上、通所介護計画は、「利用者の心身の状況、希望及びその置かれている環境を踏まえて」作成しなければならないとされています※。これは、つまり、**通所介護計画の作成の前にはアセスメントが必要である**ことを定めているのです。

アセスメントの記録はアセスメントシートになりますが、そこに利用者の心身の状況等が記載されていない場合は、「適切なアセスメントをふまえて作成された計画書ではない」として、計画書自体が否認されることになります。

※平成 11 年厚生省令第 37 号「指定居宅サービス等の事業の人員、設備及び運営に関する基準」第 99 条

アセスメントのない通所介護計画はあり得ません！

(12) 栄養改善加算

低栄養状態の利用者などに栄養改善サービスを行った場合に算定します。

栄養改善加算	200 単位／回

〈チェック事項〉

1 対象者

☐ 算定の対象者は栄養改善サービスの提供が必要な利用者か

2 人員配置

☐ 事業所の従業者又は外部との連携で管理栄養士を１人以上配置しているか
☐ 定員超過利用減算、人員基準欠如減算の要件に該当していないか

3 栄養ケア計画・栄養改善サービスの提供

☐ 利用開始時に各利用者の栄養状態を把握して、管理栄養士とその他の職種が共同して利用者ごとに計画を作成しているか
☐ 栄養ケア計画に基づき、管理栄養士等が利用者ごとに栄養改善サービスを提供しているか
☐ 管理栄養士は、居宅への訪問により食事の状況等を把握しているか
☐ 利用者の栄養状態について定期的に記録しているか

4 モニタリング

☐ おおむね３ケ月ごとに利用者の栄養ケア計画の進捗状況を評価しているか
☐ 評価結果の情報は、ケアマネジャー、主治医に提供しているか

5 算定回数・期間

☐ 月の算定回数は２回以下で、３ケ月以内の期間に限っているか

1 対象者

- 「栄養改善サービスの提供が必要な利用者」とは、次のどれかに該当する人になります。
    - a BMI が 18.5 未満である人
    - b 次のどちらかに該当する人　・1～6ケ月間で3％以上の体重減少がある
    　　　　　　　　　　　　　　　・6ケ月間で2～3kgの体重減少がある
    - c 血清アルブミン値が 3.5g/dl 以下の人
    - d 食事摂取量が不良である人
    - e a～d 以外で低栄養状態にある人（又はそのおそれがある人）
- 栄養改善加算を算定した人に対しては、管理栄養士による居宅療養管理指導を算定することができません。

2 人員配置

- 栄養改善サービスの提供は、事業所の従業者又は外部（他の介護事業所[※1]、医療機関、介護保険施設[※2]、栄養ケア・ステーション）との連携により**管理栄養士を1人以上配置**した上で、利用者ごとのケアマネジメントの一環として行います。

    ※1　栄養改善加算の対象事業所に限る。
    ※2　栄養マネジメント強化加算の算定に必要な数以上の管理栄養士を置いている施設又は常勤の管理栄養士を1人以上配置している施設に限る。

栄養改善加算に必要な配置

- 管理栄養士は、常勤である必要はありません。
- 定員超過利用減算・人員基準欠如減算の要件に該当する場合は、本加算は算定できません。
  ➡「2（1）定員超過利用減算」74頁、「2（2）人員基準欠如減算」76頁を参照

3 栄養ケア計画・栄養改善サービスの提供

- 管理栄養士とその他の職種の者（看護職員、介護職員、生活相談員など）が共同して、**利用者ごとの栄養ケア計画を作成**して、利用者又は家族の同意を得ます。
- 栄養ケア計画に相当する内容を通所介護計画に記載することで、栄養ケア計画の作成に変えることができます。
- 必要に応じて管理栄養士が利用者の居宅を訪問し、利用者の居宅での食事の状況等を把握した上で相談に対応するようにします。

4 モニタリング

- **おおむね３ケ月ごと**に利用者ごとに生活機能の状況を検討し、体重を測定するなど、**栄養ケア計画の進捗状況の評価を行います。**
- 評価の結果はケアマネジャー、主治医に提供します。

5 算定回数・期間

- 原則は３ケ月を限度としていますが、継続して管理栄養士等がサービス提供を行うことで栄養改善の効果が期待できる場合は、引き続き算定することができます。

指導事例 12　介護保険サービスを提供しない日に入浴介助加算

平成 26 年 7 月　指定取消し（連座制でグループの全事業所に適用）

行政処分の理由

介護保険サービス提供日以外に行った入浴時の介助について、介護保険サービス提供日に実施したとして、入浴介助加算を不正に請求した。

不正のポイント

▶自費サービスの利用日に提供した入浴介助で入浴介助加算を請求

実際には自費サービスの利用日に提供した入浴介助を、介護保険の利用日に提供したことにして入浴介助加算を請求するのは不正請求です。

当然のことですが、入浴介助加算は介護保険サービスの利用に対する加算であり、自費サービス等の介護保険外のサービス中に入浴介助を行っても加算は算定できません。しかし、**介護保険サービスと介護保険外サービスを現場で混同している**ケースが数多く存在します。

入浴介助加算（Ⅰ）は1回 40 単位で安易に考えがちですが、サービスを提供していないのに介護報酬を請求するのは、商品を渡さずに代金だけを請求していることと同じで、いわば詐欺行為です。事業所単位で詐欺行為を働いた場合は、指定取消しとなっても当然であり、刑法にも抵触する行為であることを認識しましょう。

介護保険外のサービス提供には加算できません！
現場でもきちんと区分を！

(13) 口腔・栄養スクリーニング加算

　利用開始時と利用中6ケ月ごとに利用者の口腔スクリーニング・栄養スクリーニングを行った場合に算定します。

口腔・栄養スクリーニング加算（Ⅰ）	20 単位／回
口腔・栄養スクリーニング加算（Ⅱ）	5 単位／回

口腔・栄養スクリーニング加算（Ⅰ）　利用開始時と利用中6ケ月ごとに利用者の口腔スクリーニング・栄養スクリーニングの両方を行った場合に算定します。

〈チェック事項〉

1 口腔スクリーニング・栄養スクリーニング

- □ 利用開始時及び利用中6ケ月ごとに、利用者の口腔の健康状態及び栄養状態を確認しているか
- □ 利用者の口腔の健康状態及び栄養状態について、次の確認を行っているか

【口腔スクリーニング】
- a　硬いものを避け、やわらかいものばかりを中心に食べる人
- b　入れ歯を使っている人
- c　むせやすい人

【栄養スクリーニング】
- a　BMI が 18.5 未満である人
- b　1～6ケ月間で3％以上の体重の減少が認められる人又は6ケ月間で2～3kg 以上の体重減少があった人
- c　血清アルブミン値が 3.5g/dl 以下である人
- d　食事摂取量が不良（75％以下）である人

- □ 確認した情報をケアマネジャーに文書で提供しているか

2 算定期間等

- [ ] 加算の算定は6ケ月に1回にしているか
- [ ] 加算を算定する事業所はサービス担当者会議で決定しているか

3 他加算との関係

- [ ] 利用者が算定月に次のいずれかの加算を算定していないか
    - a 栄養アセスメント加算
    - b 栄養改善加算
    - c 口腔機能向上加算
- [ ] 利用者が他の事業所で口腔連携強化加算を算定していないか
- [ ] 定員超過利用減算、人員基準欠如減算の要件に該当していないか

1 口腔スクリーニング・栄養スクリーニング

- **利用開始時と利用中6ケ月ごと**に利用者の口腔の健康状態と栄養状態について確認を行い、その情報を利用者の担当ケアマネジャーに提供します。
- 口腔スクリーニングと栄養スクリーニングは、原則として一体的に実施します。

2 算定期間等

- 本加算を算定する事業所は、サービス担当者会議でケアマネジャーが決定します。原則として、加算を算定する事業者が口腔スクリーニング・栄養スクリーニングを継続的に実施します。

3 他加算との関係

- 本加算は**栄養アセスメント加算、栄養改善加算、口腔機能向上加算との併算定は不可**です。
- 口腔スクリーニング・栄養スクリーニングの結果、栄養改善サービス又は口腔機能向上サービスの提供が必要とされた場合には、本加算の算定月でも、栄養改善加算、口腔機能向上加算を算定することができます。

口腔・栄養スクリーニング加算（Ⅱ）　利用者が栄養改善加算等を算定していて加算（Ⅰ）を算定できない場合でも、口腔スクリーニング・栄養スクリーニングのいずれかを行っていれば算定が可能です。

〈チェック事項〉

1 口腔スクリーニング・栄養スクリーニング

口腔スクリーニングの場合
- ☐ 利用開始時及び利用中６ケ月ごとに、利用者の口腔の健康状態を確認しているか
- ☐ 利用者の口腔の健康状態について、次の確認を行っているか
    - a　硬いものを避け、やわらかいものばかりを中心に食べる人
    - b　入れ歯を使っている人
    - c　むせやすい人
- ☐ 確認した情報をケアマネジャーに文書で提供しているか

栄養スクリーニングの場合
- ☐ 利用開始時及び利用中６ケ月ごとに、利用者の栄養状態を確認しているか
- ☐ 利用者の栄養状態について、次の確認を行っているか
    - a　BMI が 18.5 未満である人
    - b　１～６ケ月間で３％以上の体重の減少が認められる人又は６ケ月間で２～３kg 以上の体重減少があった人
    - c　血清アルブミン値が 3.5g/dl 以下である人
    - d　食事摂取量が不良（75％以下）である人
- ☐ 確認した情報をケアマネジャーに文書で提供しているか

2 算定期間等

- ☐ 加算の算定は６ケ月に１回にしているか
- ☐ 加算を算定する事業所はサービス担当者会議で決定しているか

3 加算 (13) 口腔・栄養スクリーニング加算

3 他加算との関係

- [ ] 定員超過利用減算、人員基準欠如減算の要件に該当していないか

口腔スクリーニングの場合
- [ ] 算定月に栄養アセスメント加算又は栄養改善加算を算定しているか
- [ ] 算定月に口腔機能向上加算を算定していないか

栄養スクリーニングの場合
- [ ] 算定月に口腔機能向上加算を算定しているか
- [ ] 算定月に栄養アセスメント加算・栄養改善加算を算定していないか
- [ ] 利用者が他の事業所で口腔連携強化加算を算定していないか

1 口腔スクリーニング・栄養スクリーニング

- 本加算では、**口腔スクリーニング又は栄養スクリーニングのどちらか1つを**行っていれば算定することができます。
- 事業所の従業者が、利用開始時と利用中6ケ月ごとに利用者の口腔の健康状態又は栄養状態について確認を行い、その情報を利用者の担当ケアマネジャーに提供します。

2 算定期間等

- 口腔・栄養スクリーニング加算（Ⅰ）の「**2** 算定期間等」147頁を参照してください。

3 他加算との関係

- 利用者が**栄養アセスメント加算、栄養改善加算、口腔機能向上加算を算定していて、加算（Ⅰ）を算定できない場合**にのみ本加算の算定が可能です。

(14) 口腔機能向上加算

口腔機能向上サービスを行った場合に、3ヶ月以内の期間に限り、1ヶ月に2回を限度として算定します。

口腔機能向上加算（Ⅰ）	150 単位／回
口腔機能向上加算（Ⅱ）	160 単位／回

〈チェック事項〉

1 人員配置

- □ 言語聴覚士、歯科衛生士又は看護職員を1人以上配置しているか
- □ 定員超過利用・人員基準欠如減算の要件に該当していないか

2 対象者

- □ 対象は口腔機能向上サービスの提供が必要な利用者であるか
- □ 歯科医療を受診している場合は算定不可要件に該当していないか

1 人員配置

- 口腔機能向上サービスの提供は、**言語聴覚士、歯科衛生士又は看護職員を1人以上配置**して、口腔機能向上サービスの提供が必要な利用者ごとにケアマネジメントの一環として行うものです。
- 定員超過利用減算・人員基準欠如減算に該当する場合は、本加算は算定できません。
  → 「2（1）定員超過利用減算」74頁、「2（2）人員基準欠如減算」76頁を参照

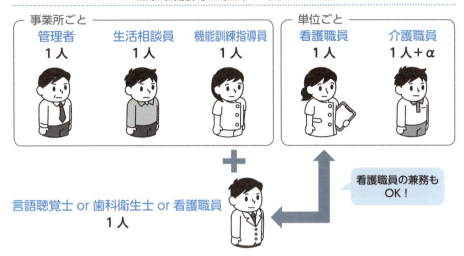

2 対象者

- 本加算を算定できるのは、口腔衛生上や摂食・嚥下機能に問題があるなど、口腔機能向上サービスの提供が必要な利用者です。
 具体的には、次のどれかに該当している人になります。
 a 認定調査票の「嚥下」「食事摂取」「口腔清潔」のどれか1つが「1」以外
 b 基本チェックリストの（13）（14）（15）のうち2項目以上が「1」以外
 c 上記a・b以外であるが口腔機能が低下している（又は低下するおそれがある）
- **医療的な対応が必要な場合**は、ケアマネジャーを通して主治医又は主治の歯科医師に情報を提供したり、利用者に受診を勧めるなどの対応を図ります。その場合は、**加算は算定できません。**
- 歯科医療を受診しており、次のa・bのいずれかに該当する場合は、加算は算定できません。
 a 医療保険で摂食機能療法を算定している
 b 医療保険で摂食機能療法を算定していない場合で、介護保険の口腔機能向上サービスとして「摂食・嚥下機能に関する訓練の指導若しくは実施」を行っていない場合

3 算定回数・期間

☐ 月の算定回数は2回以下で、3ケ月以内の期間に限っているか

4 口腔機能改善管理指導計画

　利用開始時に次の通り口腔機能改善管理指導計画を作成しているか
☐ 言語聴覚士、歯科衛生士等が共同して計画を作成しているか
☐ 利用者ごとに計画を作成しているか
☐ 利用者又は家族に計画を説明し、同意を得ているか

5 口腔機能向上サービス

　口腔機能改善管理指導計画に基づき、次の通りサービスを提供しているか
☐ 言語聴覚士、歯科衛生士又は看護職員等が利用者ごとにサービスを提供しているか
☐ 利用者の口腔状態を定期的に記録しているか

3 算定回数・期間

- **算定期間は原則３ケ月以内に限定**されていますが、口腔機能向上サービス開始からおおむね３ケ月ごとに利用者の口腔機能を評価した結果、次のa・bに該当し、継続的にサービスを提供することで口腔機能向上の効果が期待できる場合は、その後も続けて算定することができます。
  - a　口腔清潔・唾液分泌・そしゃく・嚥下・食事摂取等の口腔機能が低下している
  - b　口腔機能向上サービスを継続しないと口腔機能が低下するおそれがある

4 口腔機能改善管理指導計画

- 口腔機能改善管理指導計画は言語聴覚士、歯科衛生士、看護職員、介護職員、生活相談員その他の職種の者が共同して作成します。
- 口腔機能改善管理指導計画に基づき、言語聴覚士、歯科衛生士又は看護職員等が利用者ごとに口腔機能向上サービスを提供しますが、計画に実施上の問題点があれば、計画を修正します。

5 口腔機能向上サービス

- 言語聴覚士、歯科衛生士又は看護職員等は口腔機能改善管理指導計画に基づき、利用者ごとにサービスを提供し、利用者の口腔状態を定期的に記録するようにします。
- 「摂食・嚥下機能に関する訓練の指導若しくは実施」を行っていない場合は、加算は算定できません。

6 モニタリング

- □ おおむね3ケ月ごとに利用者の口腔機能改善管理指導計画の進捗状況の評価を行っているか
- □ 評価結果の情報は、ケアマネジャー、主治医、主治の歯科医師に提供しているか

7 LIFE への情報の提出・活用　※加算（Ⅱ）のみ

- □ 口腔機能改善管理指導計画等の情報を LIFE に提出しているか
- □ サービスの実施にあたって、LIFE のフィードバック情報を活用しているか

6 モニタリング

- おおむね3ケ月ごとに利用者ごとの口腔機能改善管理指導計画の進捗状況の評価を行います。
- 評価の結果はケアマネジャー、主治医、主治の歯科医師に提供します。

7 LIFEへの情報の提出・活用　※加算（Ⅱ）のみ

- 加算（Ⅱ）を算定するにあたっては、加算（Ⅰ）の算定要件に加えて、**口腔機能改善管理指導計画等の情報をLIFE（科学的介護情報システム）に提出**して、フィードバックされた情報を活用していることが必要です。
    → 提出の時期は、「解説　LIFEへの情報の提出頻度」125頁を参照
- サービスの質の向上を図るため、**LIFEへの提出情報及びフィードバック情報を活用**し、次の一連のサイクル（PDCAサイクル）により、サービスの質の管理を行います。
    Plan：　利用者の状態に応じた口腔機能改善管理指導計画の作成
    Do：　　計画に基づく支援の提供
    Check：支援内容の評価
    Action：評価結果をふまえた計画の見直し・改善

(15) 科学的介護推進体制加算

LIFEによる情報提供とフィードバック情報の活用により、PDCAサイクルを確立させてサービスの質の向上を推進する取組みを評価する加算です。

科学的介護推進体制加算	40単位／月

〈チェック事項〉

1 情報の提出・活用

- □ 全利用者の情報をLIFEに提出しているか
- □ PDCAサイクルによる推進を行っているか
- □ 質の高いサービスを提供する体制を構築して、サービスの質の向上に努めているか

1 情報の提出・活用

- 原則として、本加算は利用者全員を対象にして、**事業所の利用者全員に算定できる**ものです。
- やむを得ない場合を除いて、事業所の全利用者の情報をLIFE（科学的介護情報システム）により厚生労働省に提出します。
  → 提出の時期は、「解説 LIFEへの情報の提出頻度」125頁を参照
- 事業所は、計画（Plan）、実行（Do）、評価（Check）、改善（Action）のサイクル（PDCAサイクル）によって、質の高いサービスを提供する体制を構築します。また、その更なる向上に努めることが重要です。**情報を厚生労働省に提出するだけでは、加算の算定対象とはなりません**。具体的には、次のような一連の取組みが求められます。

  Plan： 利用者の心身の状況等に係る基本的な情報に基づき、適切なサービスを提供するためのサービス計画を作成する

  Do： サービスの提供にあたって、サービス計画に基づいて、利用者の自立支援や重度化防止に資する介護を実施する

Check：LIFEへの提出情報及びフィードバック情報等も活用し、多職種が共同して、事業所の特性やサービス提供の在り方について検証を行う

Action：検証結果に基づき、利用者のサービス計画を適切に見直し、事業所全体として、サービスの質の更なる向上に努める

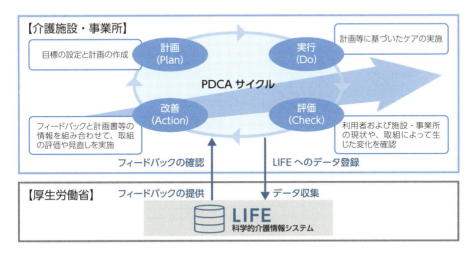

ポイント　LIFEに情報が提出できない「やむを得ない場合」とは？

　やむを得ない場合とは、例えば、情報を提出すべき月の中旬に評価を行う予定であったが、緊急で月初に利用者が入院することとなり情報の提出ができなかった場合や、データを入力したがシステムトラブル等により提出ができなかった場合など、利用者単位で情報の提出ができなかった場合があります。

　また、提出する情報についても、例えば、全身状態が急速に悪化した利用者で、必須項目である体重等が測定できず、一部の情報しか提出できなかった場合などがあります。このような場合であっても、事業所の利用者全員に加算を算定することは可能です。ただし、情報の提出が困難であった理由について、介護記録等に明記しておく必要があります。

(16) サービス提供体制強化加算

介護福祉士や勤続年数の長い職員を配置するなど、サービス提供体制を整備して通所介護を行った場合に算定します。体制のレベルによって、単位数が異なります。

通所介護・ 地域密着型通所介護	サービス提供体制強化加算（Ⅰ）	22 単位／回
	サービス提供体制強化加算（Ⅱ）	18 単位／回
	サービス提供体制強化加算（Ⅲ）	6 単位／回
療養通所介護 （短期利用療養通所介護）	サービス提供体制強化加算（Ⅲ）イ	48 単位／月（12 単位／日）
	サービス提供体制強化加算（Ⅲ）ロ	24 単位／月（ 6 単位／日）

〈チェック事項〉 通所介護（地域密着型含む）

1 サービス提供体制

☐ 次の人員を確保した体制になっているか
　☐ サービス提供体制強化加算（Ⅰ）
　　次のいずれかに該当
　　・介護職員総数のうち介護福祉士の割合が 70％以上
　　・介護職員総数のうち勤続 10 年以上の介護福祉士の割合が 25％以上
　☐ サービス提供体制強化加算（Ⅱ）
　　・介護職員総数のうち介護福祉士の割合が 50％以上
　☐ サービス提供体制強化加算（Ⅲ）
　　次のいずれかに該当
　　・介護職員総数のうち介護福祉士の割合が 40％以上
　　・通所介護を利用者に直接提供する職員の総数のうち、
　　　勤続 7 年以上の者の割合が 30％以上
☐ 定員超過利用減算・人員基準欠如減算の要件に該当していないか

2 事業開始時期

☐ 事業開始（又は再開）から 3 ケ月を超えているか

1 サービス提供体制

- 職員の割合の算出にあたっては、常勤換算方法で算出した前年度（3月を除く）の平均を用います。
    - ➡ 常勤換算方法について、第1章「解説　常勤換算方法」17頁を参照
- 介護福祉士については、各月の前月の末日時点で資格を取得している者が対象となります。

- 「通所介護を利用者に直接提供する職員」とは、生活相談員、看護職員、介護職員又は機能訓練指導員として勤務する職員が対象となります。
- 「勤続年数」とは、各月の**前月の末日時点**における勤続年数をいいます。例えば、令和3年4月における勤続年数7年以上の者とは、令和3年3月31日時点で勤続年数が7年以上である者です。
- 「勤続年数」には、通所介護事業所での勤務年数に加え、次の年数を含めることができます。
    a 同一法人※が経営する他の介護サービス事業所、病院、社会福祉施設等でサービスを利用者に直接提供する職員として勤務した年数
    ※同一法人のほか、法人の代表者等が同一で採用や人事異動、研修が一体として行われるなど職員の労務管理を複数法人で一体的に行っている場合も含まれます。
    b 事業所の合併や別法人への事業承継の場合で、事業所の職員に変更がないなど事業所が実質的に継続して運営している場合の勤続年数
- 定員超過利用・人員基準欠如減算に該当する場合は、本加算は算定できません。
    → 「2（1）定員超過利用減算」74頁、「2（2）人員基準欠如減算」76頁を参照

2 事業開始時期

- 前年度の実績が6ケ月に満たない事業所は、届出月の前3ケ月について、常勤換算方法で算出した平均を用います。したがって、新たに事業を開始（又は再開）した場合は、**4ケ月目以降に届出が可能**になります。
- **届出を行った月以降も、直近3ケ月間の職員の割合について、毎月継続的に所定の割合を維持しなければなりません**。その割合は毎月記録して、所定の割合を下回った場合は、すぐに加算を算定しない旨の届出を提出します。

〈チェック事項〉 療養通所介護

1 サービス提供体制

- [ ] 次の人員を確保した体制になっているか
  - [ ] サービス提供体制強化加算（Ⅲ）イ
    - ・療養通所介護を利用者に直接提供する職員の総数のうち、勤続7年以上の介護福祉士の割合が30％以上
  - [ ] サービス提供体制強化加算（Ⅲ）ロ
    - ・療養通所介護を利用者に直接提供する職員の総数のうち、勤続3年以上の介護福祉士の割合が30％以上
- [ ] 定員超過利用減算・人員基準欠如減算の要件に該当していないか

2 事業開始時期

- [ ] 事業開始（又は再開）から3ケ月を超えているか

サービス提供体制強化加算（Ⅲ）イ・ロに必要な配置

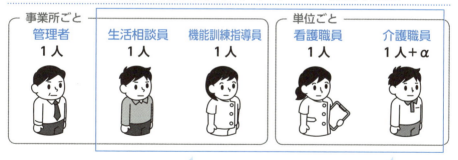

(17) 介護職員等処遇改善加算

　介護職員の賃金の改善等を実施している事業所に対する加算です。介護現場で働く職員にとって令和6年度に2.5％、令和7年度に2.0％のベースアップへとつながるよう、処遇改善のための旧3加算（介護職員処遇改善加算・介護職員等特定処遇改善加算・介護職員等ベースアップ等支援加算）を一本化した形で、令和6年度に新設されました。

➡ 令和6・7年度のベースアップについては、「解説　令和6・7年度のベースアップについて」171頁を参照

介護職員等処遇改善加算（Ⅰ）	1月当たりの総単位数の 9.2％
介護職員等処遇改善加算（Ⅱ）	1月当たりの総単位数の 9.0％
介護職員等処遇改善加算（Ⅲ）	1月当たりの総単位数の 8.0％
介護職員等処遇改善加算（Ⅳ）	1月当たりの総単位数の 6.4％

※令和6年度中の経過措置として介護職員等処遇改善加算（Ⅴ）あり

➡ 加算（Ⅴ）については、「解説　介護職員等処遇改善加算（Ⅴ）」172頁を参照

〈チェック事項〉

1 月額賃金改善要件

□ 処遇改善計画の賃金改善は、次の要件を満たしているか

【月額賃金改善要件Ⅰ】※

□ 加算（Ⅳ）相当の加算額の1/2以上を、月給（基本給又は決まって毎月支払われる手当）の改善に充てる

【月額賃金改善要件Ⅱ】 旧ベースアップ等支援加算未算定の場合のみ

□ 前年度と比較して、旧ベースアップ等支援加算相当の加算額の2/3以上の新たな基本給等の改善（月給の引上げ）を行う

※月額賃金改善要件Ⅰについては令和7年度から適用

1 月額賃金改善要件

【月額賃金改善要件Ⅰ】

● 加算（Ⅰ）～（Ⅳ）のどれを算定する場合でも、加算（Ⅳ）の加算額の1/2

以上を基本給又は決まって毎月支払われる手当とすることが必要です。
- このときに、賃金総額を新たに増加させる必要はありません。手当や一時金としている賃金改善の一部を減額して、その分を基本給等に付け替えることでも要件を満たします。
- すでに要件を満たしている事業所は、新規の取組みを行う必要はありません。ただし、新規の基本給等の引上げを行う場合には、基本給等の引上げはベースアップにより行うことが基本となります。
- この要件は**令和6年度中は猶予され、令和7年度から適用**されます。

【月額賃金改善要件Ⅱ】旧ベースアップ等支援加算未算定の場合のみ
- 令和6年5月31日時点で旧処遇改善加算を算定しており、かつ、旧ベースアップ等支援加算は未算定の事業所が、新規に加算（Ⅰ）～（Ⅳ）を算定する場合の要件です。
- 旧ベースアップ等支援加算を算定する場合に見込まれる加算額の2／3以上の基本給等の引上げを新規に実施しなければなりません。
- 基本給等の引上げはベースアップにより行うことが基本となります。
- 次の事業所については、この要件の適用を受けません。
    a　令和6年5月以前に旧3加算を算定していなかった事業所
    b　令和6年6月以降に開設された事業所

ポイント ▶ 旧ベア加算から月給改善額の要件が変更に

　本加算で月給改善として求められる要件は、旧ベースアップ等支援加算の算定要件「加算総額の2／3以上を月給の改善に充てる」とは異なり、「加算（Ⅳ）の算定率で計算した加算総額の1／2以上を月給の改善に充てる」というものです。

　この要件は令和7年度から適用されるため、令和6年度中は旧ベースアップ等支援加算と支援補助金で設定した月給改善額を維持することになります。また、旧ベースアップ等支援加算を算定していなかった場合は、令和6年度中は、同旧加算を算定した場合の加算額の2／3以上を月給改善額として設定することになります。

> **ポイント** 賃金改善の実施についての基本的な考え方

　賃金改善は、基本給、手当、賞与等のうち対象とする項目を特定した上で行います。この場合、賃金水準を低下させてはなりません。また、基本給による賃金改善が望ましいとされています。

　令和6年度に、令和5年度と比較して増加した加算額については、増加分に相当する介護職員その他の職員の賃金改善を新規に実施しなければなりません。その際、新規に実施する賃金改善は、ベースアップにより行うことが基本とされています。

　配分については、事業者の判断で、介護職員以外の職種への配分も含め、事業所内で柔軟な配分が可能です。ただし、一部の職員に加算を原資とする賃金改善を集中させることや、法人内の一部の事業所のみに賃金改善を集中させるなど、職務の内容や勤務の実態に見合わない著しく偏った配分はNGとされています。

> **ポイント** 月給改善額はベースアップが基本！

　本加算で求められている月額改善額は**ベースアップが基本**とされています。ベースアップとは、賃金表の改訂により基本給や手当の水準を一律に引き上げることです。

　例外としては、令和6年度介護報酬改定をふまえて、賃金体系の見直しの途上である場合などが示されています。そのような場合に、ベースアップのみでの賃金改善ができなければ、その他の手当や一時金等を組み合わせて実施してもよいとされています。

〈チェック事項〉

> ### 2 キャリアパス要件
>
> 【加算Ⅰ】☐ キャリアパス要件Ⅰ・Ⅱ・Ⅲ・Ⅳ・Ⅴを満たしているか
> 【加算Ⅱ】☐ キャリアパス要件Ⅰ・Ⅱ・Ⅲ・Ⅳを満たしているか
> 【加算Ⅲ】☐ キャリアパス要件Ⅰ・Ⅱ・Ⅲを満たしているか
> 【加算Ⅳ】☐ キャリアパス要件Ⅰ・Ⅱを満たしているか
>
> 〈キャリアパス要件〉
> Ⅰ（任用要件・賃金体系）※：任用の際に職責又は職務内容等の要件（賃金を含む）を就業規則等の書面で整備している
> Ⅱ（研修の実施等）※：資質向上の支援について具体的な計画を策定し、計画にそって研修を実施又は研修の機会を確保している
> Ⅲ（昇給の仕組み）※：経験や資格等に応じて昇給する仕組み又は一定の基準により定期に昇給を判定する仕組みを設けている
> Ⅳ（改善後の賃金額）：経験・技能のある介護職員のうち1人は、賃金改善後の賃金見込額が年額440万円以上である
> Ⅴ（介護福祉士等の配置）：サービス提供体制加算（Ⅰ）又は（Ⅱ）のいずれかを届け出ている
> Ⅰ〜Ⅲは根拠規程を書面で整備の上、すべての介護職員に周知が必要
> ※キャリアパス要件Ⅰ・Ⅱ・Ⅲについては令和7年度から適用

2 キャリアパス要件

● キャリアパス要件とは、賃金体系や研修、昇給の仕組みの整備など、介護職員のキャリアアップを目的として設置された要件です。加算（Ⅰ）〜（Ⅳ）には算定要件にキャリアパス要件が定められており、これを満たすことがポイントです。算定する加算によって、満たさなければならない項目が異なります。

➡ キャリアパス要件の詳細は、「解説　キャリアパス要件」174頁を参照

〈チェック事項〉

3 職場環境等要件

□ 給与以外の処遇改善（職場環境等要件）を次の通り実施しているか
　【加算（Ⅰ）・（Ⅱ）】□ 区分ごとにそれぞれ2つ以上取り組む
　　　　　　　　　　　　（「生産性向上のための取組」は3つ以上、うち一部は必須）
　【加算（Ⅲ）・（Ⅳ）】□ 区分ごとにそれぞれ1つ以上取り組む
　　　　　　　　　　　　（「生産性向上のための取組」は2つ以上）

〈区分〉

入職促進に向けた取組（①〜④）
資質の向上やキャリアアップに向けた支援（⑤〜⑧）
両立支援・多様な働き方の推進（⑨〜⑫）
腰痛を含む心身の健康管理（⑬〜⑯）
生産性向上（業務改善及び働く環境改善）のための取組（⑰〜㉔）
やりがい・働きがいの醸成（㉕〜㉘）

□ 本加算の算定状況と職場環境等要件に基づく取組みについて、ホームページへの掲載等により公表しているか【加算（Ⅰ）・（Ⅱ）のみ】

※職場環境等要件は令和7年度から適用

3 職場環境等要件

- 本加算の算定には、職場環境等要件を実施して報告することが必要です。職場環境等要件とは、賃金改善以外の職場環境などの改善を推進することを目的に設置された要件で、具体的に取り組む内容が①から㉘まで設定され、6つの区分に分かれています。
    → 職場環境等要件の詳細は、「解説　職場環境等要件」177頁を参照
- 加算（Ⅰ）・（Ⅱ）を算定する場合は、6つの区分それぞれから2つ以上、「生産性向上のための取組」の区分では3つ以上の取組を実施する必要がありますが、そのうち⑰又は⑱は必須です。これらを全介護職員に周知しなければなりません。また、年度内に実施した処遇改善に要した費用を全介護職員に周知することも必要です。

- 小規模事業者※は、㉔の取組みを実施していれば、「生産性向上のための取組」の要件を満たすことができます。
  ※1法人あたり1の施設又は事業所のみを運営するような法人等の小規模事業者
- 加算（Ⅰ）・（Ⅱ）を算定する場合は、本加算の算定状況と職場環境等要件についてホームページ等を活用して公表します。
- 具体的には、介護サービスの情報公表制度を活用して、本加算の算定状況を報告し、実施した職場環境等要件の取組項目と具体的な取組内容を「事業所の特色」欄に記載します。情報公表制度で報告の対象となっていない場合は、自事業所のホームページを活用するなど、外部から見える形で公表します。
- 新たな職場環境等要件は、令和6年度中については適用を猶予され、従来の職場環境等要件が適用されます。

> **ポイント　大きく変わる！職場環境等要件**
>
> 　本加算の新設にあたって、職場環境等要件については、6つの区分のうち「生産性向上のための取組」を重点的に実施すべき内容に改められています。
> 　この区分の具体的な取組は、⑰業務改善委員会設置などの体制構築、⑱職場の課題分析など課題の見える化、⑲5S活動等による環境整備、⑳業務マニュアル作成等による作業負担軽減、㉑介護記録ソフト等の導入、㉒見守りセンサーやインカム等のICT機器の導入、㉓介護助手の活用など業務や役割の見直し、㉔各種委員会の共同設置など協働化を通じた環境改善です。
> 　職場環境等要件の適用は令和7年度からですが、小規模事業者にはハードルが高いため、特例措置として上記の項目⑰〜㉔のうち㉔を行えば、要件をクリアするとされています。

〈チェック事項〉

4 加算算定のための各種届出

【体制等状況一覧表】
- □ **体制等状況一覧表**を算定開始月の前月15日までに提出しているか

【処遇改善計画書】
- □ 処遇改善計画書の賃金改善所要見込額が、介護職員処遇改善加算の見込額を上回る計画となっているか
- □ **処遇改善計画書**を事業年度における最初の算定月の前々月の末日までに提出しているか
- □ 処遇改善計画書により賃金改善方法を全介護職員に周知しているか
- □ 処遇改善計画書の内容に変更があった場合、算定開始月の前月15日までに**変更届出書**を提出しているか

【実績報告書】
- □ 事業年度ごとの**実績報告書**を最終の加算の支払があった翌々月の末日までに提出しているか

【特別事情届出書】
- □ 一時的に賃金水準を引き下げる場合、**特別事情届出書**を提出しているか

5 労働法令の遵守等

- □ 過去12ケ月間、労働基準法等の違反で罰金以上の刑を受けていないか
- □ 労働保険料の納付を適正に行っているか

4 加算算定のための各種届出

【処遇改善計画書】
- 本加算を算定する場合、介護職員の賃金改善に要する費用の見込額が、加算の算定見込額を上回るとする賃金改善に関する処遇改善計画書を策定し、都道府県知事等に届け出ることが必要です。
- 事業年度において初めて新加算等を算定する月の前々月の末日までに、処遇改善計画書を都道府県知事に提出します。
- 処遇改善計画書の内容に変更があった場合は、変更届出書を届け出ます。変更が就業規則の改訂のみの場合は、実績報告書を提出する際に変更届出書をあわせて届け出ます。
- 事業所での賃金改善の実施方法は処遇改善計画書を用いて職員に周知するとともに、就業規則等の内容も周知する必要があります。
- 介護職員から賃金改善について照会があった場合は、その職員に対する具体的な賃金改善の内容について、文書などでわかりやすく回答しなければなりません。

【実績報告書】
- 実績報告書は、各事業年度において最終の加算の支払があった月の翌々月の末日までに、都道府県知事等に提出します。例えば令和6年度の提出期日は、令和7年3月分の加算の支払が令和7年5月であることから、通常は令和7年7月31日となります。

【特別事情届出書】
- 経営が悪化して一定期間にわたり収支が赤字で、資金繰りに支障が生じるような場合は、事業を継続させるために、例外的に一時的に賃金水準を引き下げることが認められています。
- 事業の継続を図るために、職員の賃金水準（加算による賃金改善分を除く）を引き下げた上で賃金改善を行う場合には、特別事情届出書を届け出る必要があります。
- 年度を越えて賃金を引き下げる場合は、次年度の加算算定のための届出を行う際に、特別事情届出書を再度提出する必要があります。

> **ポイント** 複数の事業所を運営している場合は事業者単位で作成できる！

　事業者が複数の介護サービス事業所や施設を運営している場合は、処遇改善計画書・実績報告書を事業者（法人）単位で一括して作成することができます。
　その場合は、計画書等をそれぞれの期日までに、各事業所や施設の指定権者である都道府県知事等に届出を行います。提出する処遇改善計画書等の記載事項は、「提出先」の項目以外は同じ内容で問題ありません。

> **ポイント** 小規模事業者は様式の特例あり

　本加算の新設にあたっては、事務負担を軽減するために各様式の簡素化が行われました。処遇改善計画書については、小規模事業者用に事業所個票を簡素化した様式（別紙様式6）が新設されています。
　具体的には、同一法人内の事業所数が10以下の事業者は、この小規模事業者用の処遇改善計画書（別紙様式6）により、計画書の作成・提出を行うことができます。
　なお、この小規模事業者用の計画書を作成・提出した場合でも、実績報告書については、通常の場合と同じものを作成・提出します。

解説　令和6・7年度のベースアップについて

　本加算のポイントは、令和6年度に2.5%、令和7年度に2.0%の2期分のベースアップを可能とすることです。本加算の算定率は、2年分の賃上げ分を含んでおり、令和6年6月に移行した段階で算定率は、旧3加算と2月からの支援補助金を合計した加算率より高く設定されています。この増加分は、令和6年6月から前倒しで支給してもよいし、令和7年度に繰り延べて7年度に支給してもよいとされました。

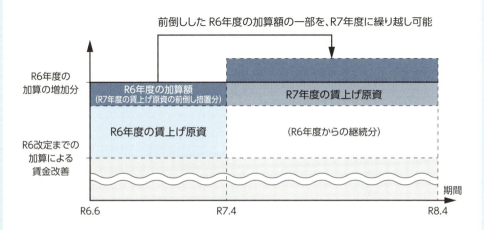

　しかし、繰り延べる場合は2つの問題を抱えています。1つ目は、繰り延べて令和7年度に支給した部分については、令和8年度以降の加算では補填されないことです。つまり、令和8年度以降は事業所の負担となります。2つ目は、繰り延べした部分の収益は令和6年度の収入であることです。加算収入に相対する賃金の支給が令和7年度となるために、令和6年度は法人税の課税対象となってしまいます。この税金対策として、厚生労働省は賃上げ促進税制の活用をあげていますが、一般的ではありません。それらを勘案すると、令和6年6月から前倒しでの支給がベストの選択といえるのではないでしょうか。
　例外として、法人が毎年、定期昇給を実施している場合には、繰り延べて増額した部分で定期昇給の相当額を補填するのであれば有効です。令和8年度以降は、事業所の負担での支給は想定内ですので、少なくとも令和7年度の昇給分を加算で補填できるメリットは大きいといえます。

解説　介護職員等処遇改善加算（Ⅴ）

　加算（Ⅰ）〜（Ⅳ）の算定要件を満たすことができないなど、新たな加算にただちに移行できない事業所のため、令和6年6月から令和6年度末までの経過措置区分（激変緩和措置）として、加算（Ⅴ）（1）〜（14）が設けられています。

- 加算（Ⅴ）は、旧3加算の取得状況に応じた加算率を維持した上で、令和6年度改定による加算率引上げを受けることができるようにするものです。令和6年5月末日時点で、旧3加算のうちいずれかを受けている事業所が取得できます。
- 加算（Ⅴ）の加算区分は令和6年5月時点の旧3加算の算定状況で決まり、年度中に旧加算の算定要件を満たせなくなった場合は、加算（Ⅴ）の算定ができなくなります。
- 加算の配分方法は、他の加算と同様、介護職員への配分を基本に特に経験・技能のある職員に重点的に配分しますが、事業所内で柔軟な配分が認められます。

加算（Ⅴ）の算定要件（旧3加算の算定状況）

加算区分	加算率	介護職員 処遇改善加算	介護職員等特定 処遇改善加算	介護職員等ベース アップ等支援加算
Ⅴ（1）	8.10%	Ⅰ	Ⅰ	算定なし
Ⅴ（2）	7.60%	Ⅱ	Ⅰ	算定あり
Ⅴ（3）	7.90%	Ⅰ	Ⅱ	算定なし
Ⅴ（4）	7.40%	Ⅱ	Ⅱ	算定あり
Ⅴ（5）	6.50%	Ⅱ	Ⅰ	算定なし
Ⅴ（6）	6.30%	Ⅱ	Ⅱ	算定なし
Ⅴ（7）	5.60%	Ⅲ	Ⅰ	算定あり
Ⅴ（8）	6.90%	Ⅰ	算定なし	算定なし
Ⅴ（9）	5.40%	Ⅲ	Ⅱ	算定あり
Ⅴ（10）	4.50%	Ⅲ	Ⅰ	算定なし
Ⅴ（11）	5.30%	Ⅱ	算定なし	算定なし
Ⅴ（12）	4.30%	Ⅲ	Ⅱ	算定なし
Ⅴ（13）	4.40%	Ⅲ	算定なし	算定あり
Ⅴ（14）	3.30%	Ⅲ	算定なし	算定なし

3 加算　解説　介護職員等処遇改善加算（Ⅴ）

加算（Ⅴ）の算定要件

加算区分	Ⅴ1	Ⅴ2	Ⅴ3	Ⅴ4	Ⅴ5	Ⅴ6	Ⅴ7	Ⅴ8	Ⅴ9	Ⅴ10	Ⅴ11	Ⅴ12	Ⅴ13	Ⅴ14
① 月額賃金改善要件Ⅰ														
加算Ⅳの1/2以上の月額賃金改善	−	−	−	−	−	−	−	−	−	−	−	−	−	−
② 月額賃金改善要件Ⅱ														
旧ベア加算相当の2/3以上の新規の月額賃金改善	−	−	−	−	−	−	−	−	−	−	−	−	−	−
③ キャリアパス要件Ⅰ														
任用要件・賃金体系の整備等	○	○	○	○	○	○	どちらかを○	○	どちらかを○	どちらかを○	○	どちらかを○	どちらかを○	どちらかを○
④ キャリアパス要件Ⅱ														
研修の実施等	○	○	○	○	○	○		○			○			
⑤ キャリアパス要件Ⅲ														
昇給の仕組みの整備等	○	−	○	−	−	−	−	○	−	−	−	−	−	−
⑥ キャリアパス要件Ⅳ														
改善後の賃金要件（8万円又は440万円が1人以上）	○	○	○	○	○	○	○	−	−	−	−	−	−	−
⑦ キャリアパス要件Ⅴ														
介護福祉士等の配置要件	○	○	−	−	○	−	−	−	−	−	−	−	−	−
⑧ 職場環境等要件														
職場環境全体で1	−	−	−	−	−	−	○	−	−	○	−	○	○	○
職場環境区分ごと1	○	○	○	○	○	○	−	○	○	−	○	−	−	−
HP掲載等を通じた見える化	○	○	○	○	○	○	○	○	○	−	−	−	−	−

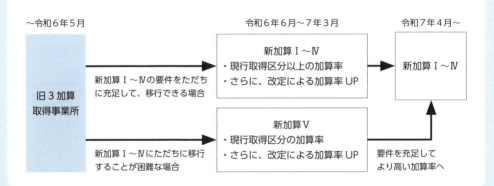

解説　キャリアパス要件

キャリアパス要件Ⅰ（任用要件・賃金体系の整備等）

次の①〜③をすべて満たすことが必要です。

① 介護職員の任用の際の職位、職責、職務内容等に応じた任用等の要件（賃金に関するものを含む）を定めている

　一般職員、班長、主任など、介護職員が上れる階段を設ければよく、該当者がいない場合は空き職種でも、その仕組みがあれば問題ありません。

② 上記①の職位、職責、職務内容等に応じた賃金体系（一時金等の臨時的に支払われるものを除く）を定めている

　必ずしも厳密な賃金規程は必要なく、各階段での給与のめやすの金額がわかる状態であれば問題ありません。

③ 上記①・②の内容について就業規則等の明確な根拠規程を書面で整備し、全介護職員に周知している

　新入職員も含めた全職員に周知していることが必要です。ただし、常時雇用者数が10人未満の事業所など、労働法規上の就業規則の作成義務がない事業所は、就業規則の代わりに内規等を整備して周知していれば、要件を満たすことができます。

キャリアパス要件Ⅱ（研修の実施等）

次の①・②を満たすことが必要です。

① 介護職員の職務内容等をふまえ、介護職員と意見を交換しながら、資質向上の目標と、a又はbに関する具体的な計画を策定し、計画に係る研修の実施又は研修の機会を確保している

　a　資質向上の計画に沿って、研修機会の提供又は技術指導等（OJT、OFF-JT等）の実施、介護職員の能力評価を行う

　b　資格取得のための支援（研修のための勤務シフトの調整、休暇の付与、費用の援助等）を実施する

　意見の交換は、さまざまな方法で（例えば、対面に加え、労働組合との意見交換、メール等による意見募集など）できる限り多くの介護職員の意見を聴く機会を設けるように配慮することが望ましいとされています。

　「資質向上の目標」とは、運営状況や介護職員のキャリア志向等をふまえ設定しますが、一例として、次のようなものが考えられます。

・利用者のニーズに応じた良質なサービスを提供するために、介護職員が技術・能力（例：

介護技術、コミュニケーション能力、協調性、問題解決能力、マネジメント能力等）の向上に努めること
・事業所全体での資格等（例：介護福祉士、介護職員基礎研修、訪問介護員研修等）の取得率の向上
② 上記①について、全介護職員に周知している

キャリアパス要件Ⅲ（昇給の仕組みの整備等）

次の①・②を満たすことが必要です。
① 介護職員について、経験や資格等に応じて昇給する仕組み又は一定の基準に基づき定期に昇給を判定する仕組みを設けている
　具体的には、次のa～cのいずれかに該当するもの
a　経験に応じて昇給する仕組み
　「勤続年数」や「経験年数」などに応じて昇給する仕組みです（例えば、職員の勤務年数が3年未満は一般職員、3～6年は班長、6年超は主任に昇進するなど）。
b　資格等に応じて昇給する仕組み
　介護福祉士等の資格取得や実務者研修等の修了状況に応じて昇給する仕組みです。別法人等で資格を取得した後に就業した場合でも昇給できる仕組みとする必要があります。例えば、介護職員を対象に介護福祉士手当、特定介護福祉士手当、社会福祉士手当などを複数設けて、資格を取ると昇給する仕組みでもよく、この場合の手当の金額に定めはありません。また、該当する職員がいない場合は手当を支給する必要はありません。
c　一定の基準に基づき定期に昇給を判定する仕組み
　「実技試験」や「人事評価」などの結果に基づいて昇給する仕組みです。客観的な評価基準や昇給条件が明文化されている必要があります（例えば、班長試験や主任試験などの昇進試験を設けて、合格すると昇進するなど）。
② 上記①の内容について、就業規則等の明確な根拠規程を書面で整備し、全介護職員に周知している

キャリアパス要件Ⅳ（改善後の年額賃金要件）

　経験・技能のある介護職員（経験10年以上の介護福祉士資格者）のうち1人以上は、賃金改善後の年収が440万円以上であること。
　すでに該当者がいる場合は、新たに設ける必要はありません。
　次のように賃金改善が困難で合理的な理由がある場合は、例外措置として設けなくてもよいとされています。

・小規模事業所等で加算額全体が少額である場合
・職員全体の賃金水準が低い事業所などで、ただちに１人の賃金を引き上げることが困難な場合

　令和６年度中は、旧特定処遇改善加算同様に、賃金改善額が月額平均８万円以上の職員を置くことでも上記の要件を満たしますが、令和７年度からは廃止されます。

キャリアパス要件Ⅴ（介護福祉士等の配置要件）

　一定以上の介護福祉士等を配置していることが要件です。

　具体的には、サービス提供体制加算（Ⅰ）又は（Ⅱ）のいずれかの届出を行っている必要があります。

注意！　算定要件が簡素化　廃止されたルールに注意！

　令和６年に新設された本加算の算定区分は、これまでの旧３加算より、算定要件がかなり簡素化されています。大きな変更点の一つは、旧特定処遇改善加算（Ⅱ）の算定要件である、全職員をＡ～Ｃのグループに振り分け、Ｃグループ（介護職員以外の職種）への支給はＢグループ（その他の介護職員）の賃金改善額の１／２以下とする、**いわゆる「２分の１ルール」が廃止**されたことです。また、Ｃグループ対象者の年収を 440 万円以下とする所得制限も撤廃されています。

　旧特定処遇改善加算（Ⅱ）の算定要件で残ったのは、「経験 10 年以上で介護福祉士資格を持つ介護職員の中から、１人以上を年収 440 万円以上にする」という要件のみです。しかし、同旧加算で認められていた**「又は月額８万円以上の昇給」という要件は令和７年度から廃止される**ため、本加算で加算（Ⅰ）・（Ⅱ）を算定する場合には、年収 440 万円以上の者を設定できないと、加算（Ⅲ）以下にランクダウンするので注意が必要です。

解説　職場環境等要件

加算（Ⅰ）・（Ⅱ）：区分ごとにそれぞれ2つ以上（「生産性向上のための取組」は3つ以上、うち⑰又は⑱は必須※）取り組んでいる

加算（Ⅲ）・（Ⅳ）：区分ごとにそれぞれ1つ以上（「生産性向上のための取組」は2つ以上※）取り組んでいる

※小規模事業者（1法人当たり1の施設又は事業所のみを運営する法人等）は、㉔を実施していれば「生産性向上のための取組」の要件を満たします。

区分	内容
入職促進に向けた取組	①法人や事業所の経営理念やケア方針・人材育成方針、その実現のための施策・仕組みなどの明確化 ②事業者の共同による採用・人事ローテーション・研修のための制度構築 ③他産業からの転職者、主婦層、中高年齢者等、経験者・有資格者等にこだわらない幅広い採用の仕組みの構築（採用の実績でも可） ④職業体験の受入れや地域行事への参加や主催等による職業魅力度向上の取組の実施
資質の向上やキャリアアップに向けた支援	⑤働きながら介護福祉士取得を目指す者に対する実務者研修受講支援や、より専門性の高い介護技術を取得しようとする者に対するユニットリーダー研修、ファーストステップ研修、喀痰吸引、認知症ケア、サービス提供責任者研修、中堅職員に対するマネジメント研修の受講支援等 ⑥研修の受講やキャリア段位制度と人事考課との連動 ⑦エルダー・メンター（仕事やメンタル面のサポート等をする担当者）制度等導入 ⑧上位者・担当者等によるキャリア面談など、キャリアアップ・働き方等に関する定期的な相談の機会の確保
両立支援・多様な働き方の推進	⑨子育てや家族等の介護等と仕事の両立を目指す者のための休業制度等の充実、事業所内託児施設の整備 ⑩職員の事情等の状況に応じた勤務シフトや短時間正規職員制度の導入、職員の希望に即した非正規職員から正規職員への転換の制度等の整備 ⑪有給休暇を取得しやすい雰囲気・意識作りのため、具体的な取得目標（例えば、1週間以上の休暇を年に●回取得、付与日数のうち●％以上を取得）を定めた上で、取得状況を定期的に確認し、身近な上司等からの積極的な声かけを行っている ⑫有給休暇の取得促進のため、情報共有や複数担当制等により、業務の属人化の解消、業務配分の偏りの解消を行っている
腰痛を含む心身の健康管理	⑬業務や福利厚生制度、メンタルヘルス等の職員相談窓口の設置等相談体制の充実

	⑭短時間勤務労働者等も受診可能な健康診断・ストレスチェックや、従業員のための休憩室の設置等健康管理対策の実施 ⑮介護職員の身体の負担軽減のための介護技術の修得支援、職員に対する腰痛対策の研修、管理者に対する雇用管理改善の研修等の実施 ⑯事故・トラブルへの対応マニュアル等の作成等の体制の整備
生産性向上（業務改善及び働く環境改善）のための取組	⑰厚生労働省が示している「生産性向上ガイドライン」に基づき、業務改善活動の体制構築（委員会やプロジェクトチームの立ち上げ又は外部の研修会の活用等）を行っている ⑱現場の課題の見える化（課題の抽出、課題の構造化、業務時間調査の実施等）を実施している ⑲５S活動（業務管理の手法の１つ。整理・整頓・清掃・清潔・躾の頭文字をとったもの）等の実践による職場環境の整備を行っている ⑳業務手順書の作成や、記録・報告様式の工夫等による情報共有や作業負担の軽減を行っている ㉑介護ソフト（記録、情報共有、請求業務転記が不要なもの）、情報端末（タブレット端末、スマートフォン端末等）の導入 ㉒介護ロボット（見守り支援、移乗支援、移動支援、排泄支援、入浴支援、介護業務支援等）又はインカム等の職員間の連絡調整の迅速化に資するICT機器（ビジネスチャットツール含む）の導入 ㉓業務内容の明確化と役割分担を行い、介護職員がケアに集中できる環境を整備。特に、間接業務（食事等の準備や片付け、清掃、ベッドメイク、ゴミ捨て等）がある場合は、いわゆる介護助手等の活用や外注等で担うなど、役割の見直しやシフトの組み換え等を行う ㉔各種委員会の共同設置、各種指針・計画の共同策定、物品の共同購入等の事務処理部門の集約、共同で行うICTインフラの整備、人事管理システムや福利厚生システム等の共通化等、協働化を通じた職場環境の改善に向けた取組の実施 ※生産性向上体制推進加算を取得している場合には、「生産性向上（業務改善及び働く環境改善）のための取組」の要件を満たすものとする ※小規模事業者は、㉔の取組を実施していれば、「生産性向上（業務改善及び働く環境改善）のための取組」の要件を満たすものとする
やりがい・働きがいの醸成	㉕ミーティング等による職場内コミュニケーションの円滑化による個々の介護職員の気づきを踏まえた勤務環境やケア内容の改善 ㉖地域包括ケアの一員としてのモチベーション向上に資する、地域の児童・生徒や住民との交流の実施 ㉗利用者本位のケア方針など介護保険や法人の理念等を定期的に学ぶ機会の提供 ㉘ケアの好事例や、利用者やその家族からの謝意等の情報を共有する機会の提供

※令和７年度から適用（令和６年度はこれまでの職場環境要件を適用）

4 算定の手続き

(1)「介護給付費算定に係る体制等状況」届の提出

◯「介護給付費算定に係る体制等状況」届の提出
- 加算を算定できる体制が整った時には、「介護給付費算定に係る体制等状況」を届け出た上で加算を算定します。

◯届出日と加算の算定開始
- 適正な支給限度額管理と利用者や居宅介護支援事業者への周知期間を確保するために、居宅サービスについては、毎月15日までに届け出た場合には翌月から、16日以降に届け出た場合には翌々月から、加算の算定を開始します。

◯算定要件を満たさなくなった場合
- 加算の算定要件は**届出後も常に満たしている必要があり**、事業所の体制等が算定要件を満たさなくなった場合は、その旨を速やかに届け出る必要があります。その場合、要件に該当しなくなった日(又は月)から加算は算定できません。

◯届出の内容に問題がある場合
- 「介護給付費算定に係る体制等状況」届の記載内容が適正であるかどうかの調査は、主に運営指導の中で行われます。
- 調査で加算の算定要件に合致してないことが判明し、指導を受けても改善がみられない場合には、届出の受理の取消しが行われます。その場合は、その届出はなかったことになるため、**それまでに行った加算請求の全体が無効となり、受領していた介護報酬は不当利得として返還措置を受けます**。悪質な場合には、指定の取消しになることもあります。

第 2 章　介護報酬の算定要件

> 加算を算定できる体制になった時点で、
> 「介護給付費算定に係る体制等状況」届を提出する

算定の前月 15 日までに提出

提出した翌月 1 日から算定の開始

> 加算の算定要件を満たさなくなった場合は、
> 速やかに「介護給付費算定に係る体制等状況」届を提出する

算定要件を満たさなくなった日又は月から算定不可

(2) 請求、給付管理、過誤申立

○介護報酬の請求の流れ

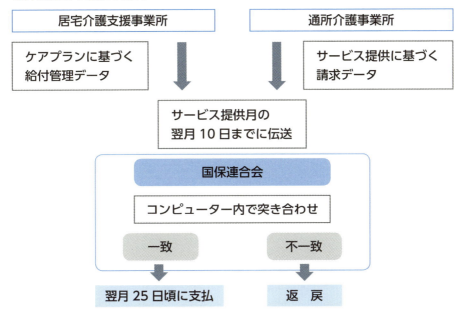

○介護報酬の審査
- 介護報酬の審査では、国民健康保険団体連合会（国保連）において利用者の基本登録データと突合されるとともに、居宅介護支援事業者の提出する給付管理票と居宅サービス事業者の提出する居宅サービス費の請求書との突合が行われます。
- この審査の段階で、給付管理票にない介護サービスの提供、つまり、**ケアプランに基づかない介護サービスの提供に対する請求は、システム的に弾かれる**こととなります。

○返戻
- 各事業所から請求等のあった「介護給付費請求明細書」と居宅介護支援事業者が提出した「給付管理票」について、国保連がチェックを行いエラーとなったものを返戻といいます。返戻となった「介護給付費請求明細書」又は「給付管

理票」は、その請求が認められないので介護報酬は支払われません。
- 返戻となった場合、介護事業所又は居宅介護支援事業所は返戻の原因を確認して、正しい請求を翌月以降に通常の請求と同様に行います。

主な返戻となる原因

1	必要箇所への入力漏れ、誤り	「摘要」欄への必要事項の記載漏れなど
2	請求額等の計算誤り	介護サービスコードの誤りなど
3	受給者台帳との不一致	生年月日や性別の誤りなど
4	重複請求、給付管理票の提出区分誤り	誤りのあった前回請求の取下げを行う前に再請求した場合など
5	その他、審査チェックでエラーとなったもの	生活保護の認定の有無や区分変更中で認定待ちなど

> **ポイント**「給付管理票の提出依頼が必要」とは？
>
> よく見かける返戻（保留）内容に「支援事業所に請求明細書に対応した給付管理票の提出依頼が必要」、備考欄に「保留」という記載があります。この表示は、居宅介護支援事業所からの給付管理票の提出がない場合、又は給付管理票が返戻となっている場合です。
>
> 通常は2ケ月の保留期間中に、居宅介護支援事業所から給付管理票が提出されれば、提出された審査年月で保留となっていた請求明細書の支払が行われますので、居宅介護支援事業所に確認がとれれば、介護サービス事業者は期間中には何もする必要がありません。

○過誤申立（取下げ）

- 誤って介護報酬を請求した場合は、請求を取り下げる必要があります。これを過誤申立といいます。
- 過誤申立の方法には、同月過誤と通常過誤があります。

　同月過誤とは、保険者へ過誤申立をした翌月に国保連で実績取下げと再請求を併せて審査することで、全額返還することなく差額分のみ調整を行う方法です。通常過誤とは、保険者へ過誤申立を行い、国保連への再請求はせず明細書の取下げを行う方法で、いったん全額を国保連に返金することになります。

　実績取下げを行った同一審査月に再請求することはできません。 同月過誤の場合でも、過誤申立をした翌月に再請求をしなかった場合、通常過誤と同じ取扱いとなり、いったん全額を国保連に返金することになります。

(3) 値引きと不当値引きの考え方

○値引き
- **介護サービスにも値引きが可能であること**が厚生省（現・厚生労働省）発出の通知※に明記されています。ただし、福祉系のサービスだけで医療系のサービスはできません。
  ※平成12年3月1日老企第39号「指定居宅サービス事業者等による介護給付費の割引の取扱いについて」
- 値引きの設定は、事業所ごと・介護サービスの種類ごとに、介護報酬の単位に対しての百分率による割引率（％）を設定する方法で行います。また、利用率の低い時間帯などの時間帯別の割引も可能で、1種類のサービスに複数の割引率を弾力的に設定することもできます。
- **値引きを行う場合は事前に届出が必要です**。前月15日までに届け出た場合は翌月1日から、16日以降に届け出た場合は翌々月1日から値引きの算定となります。

○不当値引き
- 事業所ごと、介護サービスの種類ごと、時間ごとでの、事業所全体での値引きは認められていますが、**利用者ごとに個別の値引きや価格差を設ける**ことは「**不当値引き**」として指導対象、処分対象となります。

注意！ 自費利用の料金 2,000 円は安すぎる？

不当値引きは、7時間以上のサービスを自費利用として2,000円程度で提供している場合なども該当します。

介護保険利用者の自己負担は1,000円程度なので、2,000円でも十分と考えがちですが、介護報酬単位の10割負担の金額で考えると、1,000円ではなく1万円です。介護保険を使うと1回1万円に対して、介護保険を使わない自費では2,000円で利用できるとすると、介護保険利用者に不利な価格設定となり、介護保険の平等主義に反するため、不当値引きの指導の対象となります。

この場合、自費利用者は、介護保険利用の場合の10割負担相当額での請求が正しい取扱いとなります。

こんな割引なら OK！

事業所ごとに可能	⇒	Ａ事業所は順調だけど、新しいＢ事業所は稼働率が悪いので値引きをしてみよう！
サービスごとに可能	⇒	訪問介護は順調だけど、併設のデイサービスが伸び悩んでいるので、デイサービスだけ値引きをしてみよう！
時間帯別に可能	⇒	訪問介護は朝と夕方が好調だけど、昼間が伸び悩み。昼間だけ昼間割引をやろう！
期間限定も可能	⇒	期間限定も可能なので、毎年４月の開業記念の月だけ値引きをやろう！
値引きは、何％引きという百分率だけ可能	⇒	500円引きなどの金額での値引きは不可 自己負担分だけ値引きも不可

※組み合わせた適用も可能

こんな割引は NG！

○円引きの割引は不可	⇒	端数分の500円を割引してキリよくしよう ✕
個別の割引は不可	⇒	○○さんの家は生活が大変そうだから値引きしよう ✕
自己負担分だけの割引は不可	⇒	割引分の10％は、全額自己負担分から減額しよう ✕

第3章

介護保険外の料金、サービスとの関係

(1) その他の日常生活費

　介護サービスの利用料とは別に利用者から支払ってもらうリハビリパンツ代やレクリエーション費用などは「その他の日常生活費」といいます。その他の日常生活費の請求については、さまざまな基準があり、この基準を満たしていないと、運営指導で返還指導となります。

〈チェック事項〉

1 その他の日常生活費の範囲

☐ 次のどちらかに該当するか
  - 身の回り品として日常生活に必要なもの
  - 教養娯楽として日常生活に必要なもの

☐ 利用者が共有で使うものについて請求していないか

2 請求方法・金額

☐ 重要事項説明書に料金表があるか
☐ 事前に説明して同意を得ているか
☐ 「お世話料」など曖昧な名目で請求していないか
☐ 1回ごとの請求になっており、月額で請求していないか
☐ 請求金額は実費相当で利益を乗せていないか

> **注意！** 入浴時のシャンプーやせっけん、タオル等の費用を利用者全員に一律に「身の回りの費用」として徴収していた！
>
> 　すべての利用者に対して一律に提供するものについては、その他日常生活費として徴収することはできません。入浴に通常付随する費用は、入浴介助加算の報酬に含まれていると考えられます。また、利用者の希望の有無だけで判断するものではありません。例えば、利用者が希望しないからといってタオルを使用しないなどといったことは認められません。

1 その他の日常生活費の範囲

- その他の日常生活費は、日常生活で通常必要となるものの費用です。具体的な範囲としては、次のどちらかに該当するものです。

  a 身の回りの品の費用：利用者の希望で、身の回り品として日常生活に必要なものを事業者が提供する場合にかかる費用
  （具体例：一般的に要介護者等の日常生活に必要と考えられる物品（例えば、歯ブラシや化粧品等の個人用の日用品等））

  b 教養娯楽費：利用者の希望で、教養娯楽として日常生活に必要なものを事業者が提供する場合にかかる費用
  （具体例：サービス提供の一環として実施するクラブ活動や行事における材料費等）

- 利用者が共通、共有で使うものの費用は基本報酬に含まれていると考えられるため、「その他の日常生活費」として請求できません。例えば、利用者がサービス提供時間内に購読する新聞や雑誌などの共通の経費は、基本報酬に含まれているために個別に請求はできません。夏場の冷房費や冬場の燃料代も同様の扱いになります。その他の日常生活費で請求できるものは、**その利用者だけが必要とするものに限られます。**

2 請求方法・金額

- 日常生活費は「1ケ月1,500円」などの**定額での一括請求は認められません。**各々の費用の実費相当分とした料金表を作成して、事前に利用者への説明同意を得た上で、実際に使用した分を請求します。

> **注意！** 利用者全員が参加する機能訓練で使用する材料費について、利用者から一律に徴収していた！
>
> すべての利用者に対して一律に提供するものについては、その他日常生活費として徴収することはできません。このような費用は、通所介護費の本体報酬に含まれていると考えられます。

(2) 外出でのサービス提供

〈チェック事項〉

1 機能訓練としての外出レクリエーション

- □ ケアプランに機能訓練が位置づけられているか
- □ あらかじめ通所介護計画に外出が位置づけられているか

2 1に該当しない場合の外出レクリエーション

- □ 通所介護費の算定時間から外出の時間を除いているか

外出をサービス提供時間に含めることは不可
【介護保険法第8条】

お花見、買物レクなど
通所介護では
外出レクが花盛り！

ただし、特例がある！

外出が効果的な機能訓練である場合で、あらかじめ通所介護計画に位置づけることで外出サービスが認められる。

これ以外の場合は、外出時間を提供時間に含めることはできないので、報酬返還に！

(2) 外出でのサービス提供

1 機能訓練としての外出レクリエーション

- 外出レクリエーションをサービスの目玉にする通所介護事業所が多くなりましたが、通所介護は本来事業所の中でサービスが完結しなければなりません。**事業所外でのサービス提供は認められない**のが原則です。
- ただし、外出を伴うサービスでも、特例として認められる場合があります。事前に利用者一人ひとりの通所介護計画の中に、その外出が効果的な機能訓練の一環として提供が位置づけられている場合は、外出サービスが認められると通知に規定されています※。

  ※平成11年9月17日老企第25号「指定居宅サービス等及び指定介護予防サービス等に関する基準について」

- この場合、少なくともケアプランの中で「機能訓練」の位置づけが必要ですが、外出の位置づけまでは不要です。どのような機能訓練を行うかについては、通所介護計画上の問題になります。通所介護計画には、「機能訓練の一環として外出を伴う訓練を実施する」など明記しておく必要があります。

2 1に該当しない場合の外出レクリエーション

- 上記1の特例以外の場合は、どのような理由があっても外出してのサービス提供は認められません。したがって、**通所介護計画に位置づけのない外出については、サービス提供時間に含めることができません。**
- 外出を含めた時間で通所介護費を請求してしまうと、返還指導につながります。例えば、基本のサービス提供時間が7時間で、外出でのお花見に1時間かかった場合、外出の1時間を除いた6時間がサービス提供時間と認定されます。7時間以上の報酬と7時間未満の報酬は異なりますので、差額分が返還指導となります。

> **OK!** ▶ お花見が機能訓練？
>
> 　機能訓練に位置づけない限り、外出時間はサービス提供時間に入れることができません。「お花見が機能訓練？」と疑問をもった段階でアウトです。高齢化に伴い身体機能が低下して、外出や社会参加する時間が減少していきます。お花見は、その外出を今後も続けるための機能訓練の一環です。買物なども同様に考えてください。

(3) 高齢者住宅併設の場合

　通所介護事業所が高齢者住宅と併設している場合、運営指導では必然的に厳しく見られます。高齢者住宅と併設の通所介護事業所は、まったく別の事業です。介護保険の業務とは明確に区分して管理することを求められます。**明確すぎるほど、明確に区分することが基本です。**

〈チェック事項〉

1 職員の勤務形態

- ☐ 勤務形態が高齢者住宅の業務と明確に分かれているか
- ☐ 兼務の場合は、事前に勤務シフトが決められているか
- ☐ 通所介護の配置時間に、むやみに高齢者住宅の居宅部分に立ち入っていないか
- ☐ 常勤・専従の職員が、高齢者住宅の職員を実質的に兼務していないか
- ☐ 資格のない高齢者住宅の職員が通所介護の業務を担当していないか

2 利用者へのサービス提供

- ☐ サービス提供時間中に利用者が自分の部屋に戻っていないか
- ☐ ケアプラン上のサービス実施日以外に通所介護を提供していないか
- ☐ サービス提供時間中の往診や通院はないか

1 職員の勤務形態

- 高齢者住宅の1階に通所介護事業所が併設されていると、同じ会社が運営することもあって建物全体を1つの事業所と考えてしまい、通所介護の職員がサービス提供の合間に、住宅部分の掃除を手伝ったり、食事を準備したりと業務の境が曖昧になりがちです。しかし、運営指導では曖昧な業務分担を極端に嫌います。住宅部分（高齢者住宅）の運営と通所介護の運営を混同してはいけません。

2 利用者へのサービス提供

- 同じ建物内に高齢者住宅と通所介護事業所があると、利用者も建物全体を自宅のように考えがちです。1階の通所介護を利用しているはずの利用者が自分の部屋でテレビを見ているような場合、利用者が自宅に戻った段階でサービスは中断しますので、**この時間を含んで通所介護費を請求すると不正請求となります**。

> **注意！** 同じ建物に住んでいても原理原則は同じ
>
> すべての介護保険サービスは、介護計画を作成して、説明・同意を得てからサービスの提供を開始することが大原則です。
>
> しかし、同じ建物に利用者がいることで、いつでも計画を説明して同意を得ることができるからと、**介護サービスの提供を始めてから説明して同意を得る**ことはないでしょうか。この**甘えと油断**が大事に発展することが決して少なくありません。日頃から、しっかりと原理原則を守ることが大切です。

(3) 高齢者住宅併設の場合

指導事例 13

生活相談員が高齢者住宅の夜勤業務に従事
平成25年4月　指定効力の停止

行政処分の理由

　管理者と生活相談員を同一敷地内のサービス付高齢者住宅の夜勤業務に従事させ、通所介護事業所に常勤していなかったが、タイムカード等を改ざんして虚偽の書類を提出し、介護日誌や介護記録を処分し記録を隠蔽した。

不正のポイント

▶高齢者住宅の夜勤業務に生活相談員が従事

　この事例の問題は、高齢者住宅の夜勤業務に生活相談員が従事したことにあります。夜勤業務は通所介護の業務とはまったく無関係です。

　夜勤を行った場合、夜勤当日と翌日2日間の前後16時間は通所介護の勤務時間とはならないので、管理者と生活相談員は不在の扱いとなります。これが日常的に繰り返し行われた場合は、管理者と生活相談員について人員基準違反となります。

　この事例では、そのことを知っていた上で証拠の隠滅を図っていますが、知らずに人員基準違反となってしまうケースもあるのです。経営者としては、高齢者住宅と併設の通所介護を同一業務に考えがちですが、これは誤りです。**介護サービス事業と介護保険外事業は明確に業務を区分**して、勤務実績表なども通所介護の勤務時間に高齢者住宅の勤務が含まれないようにするなど、細心の注意が求められます。

**併設事業所だからといってルーズな扱いはＮＧ！
事業ごとにはっきり業務と記録を区分しよう！**

(4) お泊りサービス

　お泊りサービスとは、通所介護の利用者が、夜間そのままそこに泊まるサービスです。お泊りサービスを提供する場合は、次のチェック項目の事項について確認するほか、利用者の体調や急変に注意し、**禁止されている介護職員の医療行為は行わないなどコンプライアンス管理を徹底した上で実施すべきです。**

〈チェック事項〉

1 宿泊する場所

- ☐ お泊りサービスを提供するスペースは、通所介護と同一の場所、又は同一敷地内か

2 事前の届出等

- ☐ 事前に所轄の役所に届出を行っているか
- ☐ 厚生労働省のガイドライン及び自治体の基準に従っているか
- ☐ 宿泊サービス計画書は適切に作成されて、事前に利用者の同意を得ているか

3 勤務の記録

- ☐ 介護保険サービスの職員のシフト表、勤務実績表は、お泊りサービスの勤務時間を含めて作成していないか
- ☐ 夜勤記録は適切に作成されているか

4 防災訓練・消防設備

- ☐ 防災訓練は実施しているか
- ☐ スプリンクラーの設置はできているか

(4) お泊りサービス

1 宿泊する場所

- お泊りサービスは、旅館業法違反に注意する必要があります。通所介護と同一の場所以外、又は同一敷地内以外でお泊りサービスを提供した場合は、旅館業法違反に問われます。

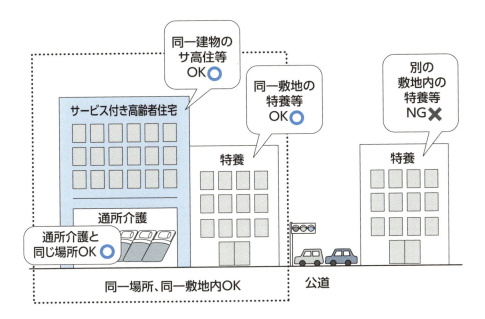

2 事前の届出等

- お泊りサービスの人員・設備・運営については、厚生労働省がガイドライン※を定めているほか、自治体でも指針を定めていますので、これらに従って運営する必要があります。

厚生労働省ガイドライン（要約、抜粋）

【人員指針】
・夜勤職員は、介護職員又は看護職員を常時1人以上配置
【設備指針】
・利用定員は、通所介護の運営規程での利用定員の半分以下、最大9人以下。

> - 宿泊室は1室1名当たり7.43㎡以上で、複数が1室に泊まる場合は、パーテーションなどでプライバシーに配慮する。
> - 男女同室は原則不可。
>
> 【運営指針】
> - 重要事項説明書の説明・同意
> - 宿泊サービス計画の作成、説明、同意と宿泊サービス記録の記載。
> - やむを得ない場合での身体拘束は三原則などに準拠して実施する。

※平成27年老振発0430第1号・老老発0430第1号・老推発0430第1号「指定通所介護事業所等の設備を利用し夜間及び深夜に指定通所介護等以外のサービスを提供する場合の事業の人員、設備及び運営に関する指針について」

3 勤務の記録

- お泊りサービスなどの自費サービスを提供している場合は、その勤務時間を除いて通所介護の勤務シフト表や勤務実績表を作成する必要があります。

4 防災訓練・消防設備

- 消防法において、お泊りサービスを実施している事業所で、利用者が主に要介護3以上である場合には、**スプリンクラーや自動火災報知設備の設置が義務づけられています。**
- 該当するのは、過去3ケ月間のお泊りサービスについて、要介護3以上の利用者が全体の50％以上を占める日が過半期間以上の場合です。

消防法によるスプリンクラーの設置義務

宿泊サービスを提供している YES 利用者が主に要介護3以上である YES スプリンクラー設備や自動火災報知設備などの設置義務

※直近3ケ月で、要介護状態区分3以上の者の割合が、宿泊サービス利用者数の半数以上の日が過半期間以上である

(5) 共生型サービス

1 共生型サービスとは

　平成 30 年 4 月から、高齢者（介護保険の利用者）と障害者（障害福祉サービスの利用者）が同じ事業所でサービスを受けやすくするため、「共生型サービス」が創設されました。

　通所介護事業所においては、この共生型サービスを利用することで、現状の体制のままでも障害者を受け入れることが可能になりますので、制度のポイントを押さえておきましょう。

- 共生型サービスは、**介護保険サービスの指定を受けた事業所であれば、基本的に障害福祉（共生型）の指定を受けられる**という制度です。
- 通所介護事業所において、共生型サービスの対象となる障害福祉サービスは以下の通りです。
    a　生活介護
    b　自立訓練(機能訓練・生活訓練)
    c　児童発達支援
    d　放課後等デイサービス
- 通所介護事業所が上記の共生型サービスの対象となる障害福祉サービスの指定を受ける際に、障害福祉サービス側の人員配置など指定基準を満たしていない場合は、基準該当サービス相当の報酬に設定された「共生型サービス費」を算定することになります。

　共生型サービス費であっても、**配置する人員について一定の資格要件を満たしている場合は、資格に対応した加算を算定**することができます。具体的には、サービス管理責任者配置等加算、共生型サービス体制強化加算が設けられています。
- 介護保険サービスと障害福祉サービスを併設するメリットは、同じサービス内容であれば、介護保険の区分支給限度額を超過した分から障害福祉サービスの請求に切り替えが可能であることです。

> **ポイント　共生型サービス費は「基準を満たさない場合」の報酬です！**
>
> 「共生型サービス費」は、あくまでも障害福祉サービスの指定基準を満たしていない場合の報酬費です。
> 通所介護事業所が障害福祉サービスの指定基準をすべて満たしている場合は、通常の障害福祉サービスの報酬を算定することができます。障害福祉サービスの各種加算についても、指定障害福祉サービス等と同様の算定要件を満たせば算定可能です。

> **注意！　共生型サービスは「同じ場所で」「同時に」提供することが原則！**
>
> 共生型サービスは、要介護者と障害者等に「同じ場所」で「同時に」提供することを想定しています。
> そのため、例えば、午前中に要介護者に対して通所介護、午後の放課後の時間に障害児に対して放課後等デイサービスを提供するような場合は、共生型サービスとしては認められません。

(5) 共生型サービス

2 共生型で算定する障害福祉サービス費

生活介護

報酬・加算減算名	単位数
●基本報酬費	
共生型生活介護サービス費（Ⅰ）	697 単位
●主要な減算・加算	
開所時間減算	
開所時間が 4 時間未満	× 50/100
開所時間が 4 時間以上 6 時間未満	× 70/100
短時間利用減算	
利用時間 5 時間未満の利用者が全利用者の 50% 以上	× 70/100
サービス管理責任者配置等加算	+58 単位 /1 日

自立訓練（機能訓練）

報酬・加算減算名	単位数
●基本報酬費	
共生型機能訓練サービス費	721 単位
●主要な減算・加算	
サービス管理責任者配置等加算	+58 単位 /1 日

自立訓練（生活訓練）

報酬・加算減算名	単位数
●基本報酬費	
共生型生活訓練サービス費	690 単位
●主要な減算・加算	
サービス管理責任者配置等加算	+58 単位 /1 日

児童発達支援

報酬・加算減算名	単位数
●基本報酬費	
共生型児童発達支援給付費	682 単位
●主要な減算・加算	
開所時間減算	
開所時間が 4 時間未満	× 70/100
開所時間が 4 時間以上 6 時間未満	× 85/100
共生型サービス体制強化加算	
児童発達支援管理責任者かつ保育士又は児童指導員の場合	+181 単位
児童発達支援管理責任者の場合	+103 単位
保育士又は児童指導員の場合	+78 単位

放課後等デイサービス

報酬・加算減算名	単位数
●基本報酬費	
共生型放課後等デイサービス給付費	
（1）授業終了後に行う場合	430 単位
（2）休業日に行う場合	507 単位
●主要な減算・加算	
開所時間減算　※（2）のみ	
開所時間が 4 時間未満	× 70/100
開所時間が 4 時間以上 6 時間未満	× 85/100
共生型サービス体制強化加算	
児童発達支援管理責任者かつ保育士又は児童指導員の場合	+181 単位
児童発達支援管理責任者の場合	+103 単位
保育士又は児童指導員の場合	+78 単位

(5) 共生型サービス

〈加算の概要〉
○**サービス管理責任者配置等加算**
　サービス管理責任者等の配置に加え、地域貢献の活動（地域交流の場の提供など）を実施している場合に、1日につき58単位を算定できます。
　生活介護と自立訓練を提供する通所介護事業所で算定が可能です。

○**共生型サービス体制強化加算**
　児童発達支援管理責任者や保育士、児童指導員の配置を評価するもので、配置の状況によって加算できる単位数が異なります。
　児童発達支援と放課後等デイサービスを提供する通所介護事業所で算定が可能です。
・児童発達支援管理責任者を配置：103単位
・保育士か児童指導員を配置：78単位
・児童発達支援管理責任者に加えて、保育士か児童指導員を配置：181単位

〈減算についての注意点〉
　介護保険と同様に、障害福祉サービスにもさまざまな減算があります。
　適用される減算はサービスによって異なりますので、確認しておくとともに、利用定員や人員配置に関するものについては注意が必要です。

○**定員超過利用減算**
　要介護者と障害児者との合計が利用定員を超えた場合には、介護給付と障害給付の両方で定員超過減算の対象となります。

○**人員基準欠如減算**
　通所介護、障害福祉サービスのいずれかの事業所として人員基準上満たすべき員数を下回った場合には、介護給付と障害給付の両方で人員基準欠如減算の対象となります。

3 介護保険の共生型通所介護費

「共生型サービス」の創設により、障害福祉の生活介護、自立訓練、児童発達支援、放課後等デイサービスの事業所が指定を受ければ、介護保険の「共生型通所介護」を提供することができます。

その場合の報酬は、通常の通所介護費から7～10％減算された単位として設定されています。

共生型通所介護費

報酬・加算減算名	単位数
●減算	
指定生活介護事業所が行う場合	× 93/100
指定自立訓練事業所が行う場合	× 95/100
指定児童発達支援事業所が行う場合	× 90/100
指定放課後等デイサービス事業所が行う場合	× 90/100
●加算	
生活相談員配置等加算	＋13単位/1日

〈加算の概要〉

○生活相談員配置等加算

生活相談員を1人以上配置することに加え、地域貢献の活動を実施している場合に、1日につき13単位を算定できます。

著者紹介

小濱　道博（こはま　みちひろ）
小濱介護経営事務所代表。
北海道札幌市出身。全国で介護事業の経営支援、コンプライアンス支援を手がける。介護経営セミナーの講師実績は、北海道から沖縄まで全国で年間250件以上。個別相談、個別指導も全国で実施。全国の介護保険課、介護関連の各協会、社会福祉協議会、介護労働安定センター等主催の講演会での講師実績も多数。C-MAS介護事業経営研究会 最高顧問、C-SR一般社団法人医療介護経営研究会専務理事なども兼ねる。

サービス・インフォメーション

─── 通話無料 ───
① 商品に関するご照会・お申込みのご依頼
　　TEL 0120(203)694／FAX 0120(302)640
② ご住所・ご名義等各種変更のご連絡
　　TEL 0120(203)696／FAX 0120(202)974
③ 請求・お支払いに関するご照会・ご要望
　　TEL 0120(203)695／FAX 0120(202)973

● フリーダイヤル（TEL）の受付時間は、土・日・祝日を除く 9：00〜17：30です。
● FAXは24時間受け付けておりますので、あわせてご利用ください。

令和6年度介護報酬改定対応
運営指導はこれでOK！
おさえておきたい算定要件
【通所介護編】

2024年9月10日　初版発行

著　者　　小　濱　道　博
発行者　　田　中　英　弥
発行所　　第一法規株式会社
　　　　　〒107-8560　東京都港区南青山2-11-17
　　　　　ホームページ　https://www.daiichihoki.co.jp/

ブックデザイン　タクトシステム株式会社
イラスト　後藤ひろみ

運営指導通所6　ISBN 978-4-474-09544-1　C2036（8）